语言与文化研究

Language and Culture Research

（第二十辑）

张淑君 主编

中国華僑出版社
·北京·

图书在版编目（CIP）数据

语言与文化研究. 第二十辑 / 张淑君主编. —北京: 中国华侨出版社, 2021.1
ISBN 978-7-5113-8317-4

Ⅰ. ①语… Ⅱ. ①张… Ⅲ. ①文化语言学一文集 Ⅳ. ①H0-53

中国版本图书馆CIP数据核字(2020)第180333号

语言与文化研究（第二十辑）

主　　编/ 张淑君
责任编辑/ 姜薇薇
封面设计/ 盟诺文化
经　　销/ 新华书店
开　　本/ 787毫米 × 1092毫米　1/16　印张/11.25　字数/256千字
印　　刷/ 北京军迪印刷有限责任公司
版　　次/ 2021年1月第1版　2021年1月第1次印刷
书　　号/ ISBN 978-7-5113-8317-4
定　　价/ 59.00元

中国华侨出版社　北京市朝阳区西坝河东里77号楼底商5号　邮　编：100028
法律顾问：陈鹰律师事务所
编辑部：（010）64443056　　传　真：（010）64439708
发行部：（010）88189192
网　址：www.oveaschin.com　　E-mail：oveaschin@sina.com

如发现印装质量问题，影响阅读，请与印刷厂联系调换

前　言

本辑收录了全国各地高校教师和研究者的优秀论文，内容涉及语言研究、教育教学研究、文化研究、文学研究和翻译研究等领域，体现了广大教师和研究者对语言、语言教育教学、文化、文学、翻译等理论和实践的认真思考和探索，体现了他们的学术水准、理论水平和业务素养。

本辑所收录的论文具有研究范围广泛、研究方法灵活、研究内容多样化的特点；充分展示了语言与文化研究领域学术气氛的活跃和新时期外语教育事业的繁荣。本期论文：有语言、文化、文学与翻译理论前沿的最新报告；有对外语各层次教学改革的思考、教学方法的探讨；有日趋成熟的基于数据的实证性研究。研究内容充分反映了近20年外语教学领域的发展趋势和热点：教法和学法的探讨仍然热烈；外语与其他学科门类的结合性研究给研究者增添了新的动力；网络教学的探讨和思考反映了新时期外语教与学的特点，体现了外语教师与时俱进的精神风貌。这些研究将极大地指导和促进教学实践。

胡文仲先生说过，教师在教学过程中应该做有心人，经常思考问题，收集数据，分析研究，做一个既教学又研究的全面人才。本书的宗旨就是激发和提升教师与研究者的科研意识与科研能力，从而为我国语言研究、教育研究、教学研究、文化文学研究和翻译研究做出贡献，推动教育教学改革，提高教育教学水平和人才培养质量。这也是我们出版语言教育教学、文化与翻译研究论文的原因。

本书将成为广大研究者发表自己独特见解的一方论坛，也会在语言与文化研究领域占有一席之地。

由于编者水平有限，疏漏在所难免，欢迎各界人士予以指正，欢迎广大从事语言与文化教育教学的教师和研究者不吝赐稿。

目　录

语言研究

教育教学

翻译研究

文化研究

文学研究

英汉商业谚语比较

郑长发

（河南牧业经济学院外国语学院，郑州，450044）

【摘要】商业谚语具有谚语的一般特点，英汉商谚都表现为形式上凝练简洁，说起来押韵顺口，听起来通俗直白。英汉商谚多以结构简单的句子进行表达，都善用修辞方式。英汉商谚虽存在表达形式的差异，但表达的哲理几近相同。英汉商谚是学习语言和经营艺术的宝贵财富。

【关键词】英汉商谚；语言特点；语义；比较

一句谚语千层意，十句谚语十句真。

谚语，短小精炼，朗朗上口，富含哲理，便于记忆，传播力强，对日常工作和生活具有很好的指导意义，深受人们的喜爱。谚语内容广泛，丰富多彩，是语言教学的好材料，也可以作为了解社会历史、风俗习惯和文化的途径。谚语具有行业性，熟悉有关行业的谚语，对于深化行业认知、掌握行业规律和潜移默化培养从业道德与习惯养成具有积极的作用。

商人、商业、商贸在人类社会发展中发挥着巨大的作用。人们在长期的商品交换过程中，积累了丰富的经验，逐步认识了商业活动的规律，经过总结概括和传诵，形成了商业谚语。商业谚语反映了商贸活动的经验教训和真知灼见，体现了特有的商业文化。商业谚语不但有一般谚语的特点，还富含商业的经营理念、哲学和典故等，是学习语言和经营艺术的宝贵财富。对英汉商业谚语的语言特点进行分析比较，有助于英汉商业谚语的学习和研究。

按照语言学的语系理论，英语属于印欧语系，汉语属于汉藏语系。英语和汉语在语音、词汇和语法上具有显著差别，各有自身的特点。但是总体而言，两种语言的英汉商业谚语具有谚语的一般特点，都表现为形式上凝练简洁，说起来押韵顺口，听起来通俗直白。

一、英汉商业谚语多以结构简单的句子进行表达

《汉语大辞典》关于“谚语”的解释是：“在群众中间流传的固定语句，用简单通俗的话反映出深刻的道理。”在英语中，“谚语”的对应语是“proverb”。“Cambridge Dictionary”的解释是：“a short sentence, etc., usually known by many people, stating something commonly experienced or giving advice.” 从谚语的语言形式上讲，汉语强调“简单的话”，英语说“a short sentence”（短句）。可见汉英谚语在语言形式上有共同特征：简短的句子。

英语商谚：

例1：Time is the soul of business.（时间是商业的灵魂。）

The customer is always right.（顾客总是对的/顾客至上。）

A fair exchange is no robbery.（公平交易并非抢夺。）

例2：Light gains make heavy purses.（薄利生大财/积少成多。）

例3：While the dust is on your feet, sell what you have bought.（货快落地不沾灰。）

例4：Ill-gotten, ill spent.（悖入悖出。）

Lightly won, lightly held.（得来容易丢失得快。）

例5：Out of debt, out of danger.（无债一身轻。）

英语商谚以“主语+系动词+表语”（例1）和“主语+谓语+宾语”（例2）的表达形式占多数，都属于简单句，而且不用修饰词或少用修饰词，造成句子简短有力、言简意赅的效果。有少量的含关联词的复合句（例3）和由过去分词短语（例4）或介词短语（例5）构成的复合句。

汉语商谚：

例 1 :“和气生财。”“百货迎百客。”“商场如战场。”“货比三家。”

例 2 :“买涨不买落。”“物以稀为贵。”“酒香不怕巷子深。”“买卖不成仁义在。”

例 3 :“千金易获，信誉难得。”“好借好还，再借不难。”

例 4 :“同行是冤家。”“勤是摇钱树，俭是聚宝盆。”

从结构上看，单句和复句在汉语商谚中都大量存在。单句以“主语+谓语+宾语”的形式表达居多，如例1。复句有两种情况，一是紧缩句形式，如例2；二是由省略关联词的两个分句构成的联合复句或偏正复句，如例3。也有少量的“是”字句，相当于英语的“主语+系动词+表语”的形式，如例4。虽然汉谚有别于英谚的简单句占多数的情况，但是汉谚的复句，简短仍是显著特征。

二、英汉商业谚语都善用修辞方式

英汉商谚都善用修辞手法来加强表达效果。使用较多的修辞手段是人们普遍熟悉的比

喻、夸张、对比等。

英语商谚，如：

Riches are like muck, which stink in a heap, but spread abroad make the earth fruitful.（明喻）

Ill-gotten wealth is like a palace built on the sand. （明喻）

Money is a good servant, but a bad master. （隐喻）

A borrowed loan should come laughing home. （拟人）

The buyer needs a hundred eyes, the seller but one. （夸张）

Corn and horn go together. （借代）

If you touch pot, you must touch penny. （类比）

Where there's muck, there's brass. （仿拟）

A bargain is a bargain. （反复）

Pains to get, care to keep, fear to lose.（排比）

Who goes more bare than the shoemaker's wife and the smith's mare?（反语）

汉语商谚，如：

货行如流水/贱取如珠玉，贵出如粪土/创誉好比燕衔泥，毁誉好比蚁决堤。（明喻）

靠山吃山，靠水吃水/话是顺气丸，说话不蚀钱/诚信就是金钱，信用就是资本。（暗喻）

货卖一张皮/要经商，走四方/大买卖靠本钱，小买卖靠吆喝。（借代）

百拿不厌，百问不烦/一招鲜，吃遍天/坐商变行商，财源达三江。（夸张）

诚招天下客，信引四方财/货好门若市，心公客常来/人靠梳洗打扮，货靠整理挑选。（对偶）

好货不便宜，便宜没好货/人无我有，人有我好，人好我廉，人廉我转。（顶真/蝉联）

有些汉谚综合运用修辞手段，如：

生产好比摇钱树，合作就是聚宝盆。（明喻、暗喻）

噘嘴泥胎无人问，巧嘴八哥客盈门。（暗喻、对偶）

把人看得比磨眼小，把钱看得比磨盘大。（夸张、对比）

诚生财，骗倒台。（对偶、对比）

修辞与一个民族的文化传统有密切的关系。汉语修辞以整齐、对称为主，以参差错落为辅。汉语商谚以三至七言的对偶句为多，其中四言、五言对偶句占优。如：

热待客，冷介绍。（三言）笑口常开，生意常来。（四言）人好不怕贬，货好不怕选。（五言）宁可多问一声，不能多剪一寸。（六言）干东行不说西行，卖牛马不说猪羊。（七言）

英汉谚语朗朗上口，很大程度上与押韵分不开。但是英汉两种语言分属拼音和象形文字，在押韵方式上有各自的特点。英语是字母文字，英谚有头韵和尾韵的修辞手法来使谚语押韵顺口。汉谚无头韵这种表达形式，汉谚的押韵手法是脚韵。如，

英谚：Lend your money and lose your friend.（头韵）

From saving comes having.（尾韵）

汉谚:

买卖讲公道，顾客做广告。（道和告押韵）

和气能生财，强横客不来。（财和来押韵）

大生意靠嘴，小生意靠腿。（嘴和腿押韵）

庄稼全靠犁和耙，生意全靠人说话。（耙和话押韵）

十分生意七分谈，话不投机成交难。（谈和难押韵）

三、英汉商谚反映相似的商贸规律

无论是英语还是汉语的商业谚语，都是商业活动的经验总结。尽管英汉民族地理上相距甚远，生活习俗和语言文化存在诸多不同，但是商贸活动的规律是基本一致的，因此英汉商谚虽存在表达形式的差异，但表达的哲理几近相同。如:

A man without a smiling face must not open a shop. 人无笑脸莫开店。

Good wine sells itself. 酒香不怕巷子深。

Cheapest is the dearest. 便宜无好货。

You get what you pay for. 一分价钱一分货。

He that speaks ill of the mare would buy her. 褒贬是买主，喝彩是闲人。

He that blames would buy. 嫌货正是买货人。

Measure twice, cut once. 宁可多问一声，不能多剪一寸。

Small profits and quick returns. 薄利多销。

It is easy to open a shop but hard to keep it always open. 开店容易守店难。

It is easier to get money than to keep it. 守业更比创业难。创业容易守业难。

A rolling stone gathers no moss. 滚石不生苔，转行不聚财。

Little and often fills the purse. 生意不怕小，就怕客人少。

商谚是谚语中的一部分，是商业活动和规律的经验总结。通过英汉商谚的分析比较，我们可以了解到英汉商谚在语言表达上的相似性和不同之处，增进对商谚的语义和价值的认知。“水滴积多盛满盆, 谚语积多成学问”。商贸活动与人们的日常生活或工作息息相关，充满着智慧与挑战。从事商贸活动者若能够熟知一些英汉商谚，无疑将从前人的经验和智慧中汲取到无尽的营养。

参考文献

[1] Martin, G. *A List of 680 English Proverbs*. Retrieved June 19, 2020 from https:// www. phrases. org.uk/meanings/proverbs.html.

[2] 徐守勤. 英语谚语词典[M]. 合肥：安徽科学技术出版社，1998.
[3] 姚铁军，姜心. 谚语词典[M]. 上海：上海大学出版社，2006.
[4] 魏小红. 从商业谚语看商贸语言的运用[J]. 邢台学院学报，2017（1）：120–123.
[5] 徐义云. 英汉谚语语言特点对比分析及其语用功能探讨[J]. 广东石油化工学院学报，2013（5）：51–54.

作者简介

郑长发（1965—），男，河南牧业经济学院外国语学院，教授，研究方向：英语教学，英国文学，E–mail：zzcf@sina.com。

德国难民话语的发展与变迁：基于《明镜》周刊1978—2015年难民相关报道的论式分析*

唐　艋

（四川外国语大学德语系，重庆，400020）

【摘要】本研究以德国《明镜》周刊1978—2015年关于难民的报道为语料，通过论式分析探究德国难民话语的特点和主导论式的发展变化。该研究共提炼出16种论式，其中经济利弊、安全威胁、人道主义与法律论式占主导地位，通过对论式的历时分析，本研究还揭示出经济、安全、道德、历史责任等多种因素在不同时期的竞争与平衡。

【关键词】德国；难民话语；论式分析；《明镜》周刊

一、引　言

“二战”之后，德国共经历了三次难民潮，分别在20世纪70年代末、90年代初与2015年。在2015年的难民危机中，德国成为欧洲国家中接收难民最多的国家，引发了全球的关注，国内外学界也针对德国的难民问题展开了大量研究。就语言学研究而言，我国相关研究较少，德国语言学者则早在20世纪90年代便进行了大量研究，其研究重点主要可分为两类，一是通过批评性话语分析揭露移民/难民话语中的种族主义；二是采用话语语言学或历史语义学的方法分析移民/难民话语中的重要词汇、隐喻和论式（Topos）。在以上研究中，难民多被视为移民的一部分，较少作为单独的研究对象，同时，涉及难民话语的历时分析也较少。

鉴于此，对德国难民话语的历时分析尤显必要，论式是历时话语分析的有益工具，它不仅能揭示话语中普遍存在的观点和价值观，还能帮助研究者发现话语陈述结构的变化和断裂（Spitzmüller & Warnke, 2011, 191）。本文对《明镜》周刊1978—2015年难民相关报道中的论式进行了话语分析，下文将概览式地呈现所研究时期难民话语的特点与主导论式的发展变化。

二、论式的概念内涵

所有论证都具有一致形式，即通过无争议或争议较少的陈述来支持或反对争议较大的陈

* 本研究受四川外国语大学青年项目（SISU2018056）资助。

述（Kopperschmidt, 2000, 53–54）。无争议的陈述为论据，有争议的陈述为结论，将论据和结论联接起来、确保论据能够支撑结论的推理规则即论式。

论式分为普遍论式和特殊论式，普遍论式不依赖语境，可运用于任何领域，例如因果论式和权威论式；特殊论式基于具体的推理规则，在特定的领域和语境中被使用（Wengeler, 2003, 182–183），例如，“由于某一措施吸引难民来到德国，所以应废除该措施”的推理规则针对难民话题，属于特殊论式。

论式具有惯习性（Habitualität）、符号性、目的性与潜在性，它体现了社会主导价值观和思维方式,主要通过语言表达出来，帮助论证者实现论证目的，同一论式在不同的论证者那里可表达不同立场。因此，论式适合考察较长历史时期内有争议的公共话语，帮助研究者获得其映射的社会集体知识、思维模式及其动态变化，同时还能揭示出价值观念历史变化的动因（李媛，章吟，2018，43）。

三、德国难民话语中的论式类型与数量

本文分析对象为《明镜》周刊难民相关报道中频繁出现的特殊论式，分析语料为关键词“难民/避难”（[Ff]lüctling/[Aa]syl）高频出现的文章（共737篇），文章多为专题报道或针对难民问题的评论和访谈。本研究共提炼出16种论式，共1242语例，对论式的定义统一采用“由于……所以……”的形式。如表1所示，经济利弊论式所占比例最大，其次为人道主义和安全威胁论式，法律和来源国情况论式的百分比均在9%左右，拉力/推力因素（Pull–/Push–factor）和滥用论式比例相同。融入、偷渡、卫生与健康和移民国家论式数量较少，均不超过3%。

表1　论式名称、定义与数量

论式名称	定　　义	例　数	百分比
经济利弊	由于某行为损害经济利益，因此不应实行该行为；反之亦然	222（经济坏处与好处论式分别为138和84例）	17.87%
人道主义	由于某行为符合人道主义，所以应实行该行为；反之亦然	163	13.12%
安全威胁	由于某行为危害或威胁到德国内部安全，因此不应实行该行为；反之亦然	149	12.00%
法　　律	由于法律对某行为进行了规定，因此应依据法律实行或不实行该行为	115	9.26%
来源国情况	由于难民来源国存在威胁难民生命或损害难民人权的因素，所以应给予难民庇护	108	8.70%
拉力/推力	由于某拉力/推力因素促使了难民人数上涨，因此应采取措施消除该拉力/推力因素	76	6.12%
滥　　用	由于难民滥用了德国避难法律，所以应该采取措施抑制这种滥用行为	76	6.12%

（续表）

论式名称	定　义	例　数	百分比
历　史	①历史责任论式：由于德国“二战”期间对某群体造成了伤害，因此应弥补该群体（53例） ②历史经验论式：基于历史经验某行为会导致某种不良的后果，所以不应实行该行为（15例）	68	5.48%
政治利弊	由于某行为能带来政治好处，所以应实行该行为；反之亦然	53	4.27%
欧共体/欧盟	难民是欧共体或欧盟的问题，所以应在欧共体或欧盟层面上采取措施解决难民问题	51	4.11%
排　外	由于某行为引起或强化排外情绪，所以不应实行某行为；反之亦然	45	3.62%
文化利弊	由于难民给德国文化带来好处，因此应接收难民；反之亦然	41（文化坏处与好处论式分别为38和3例）	3.30%
融　入	由于某行为促进难民/移民融入，所以应实行该行为；反之亦然	29	2.33%
偷　渡	由于某措施能抑制偷渡，所以应实施该措施；反之亦然	25	2.01%
卫生与健康	由于某难民群体不利于德国环境卫生和人民健康，因此应限制该群体数量	13	1.05%
移民国家	由于德国是移民国家，所以与外国人有关的政策应符合移民国家这一现实；由于德国不是移民国家，所以与外国人有关的政策应符合非移民国家这一现实	8	0.64%
合计		1242	100%

从论式的数量分布可发现德国难民话语具有以下四个重要特点：首先，经济利弊与滥用论式体现出经济实用主义的特征，难民的经济价值用于支持收容难民，而难民对经济利益的损害则是收紧避难政策的重要论据；其次，具有强烈的伦理性，这体现在人道主义、来源国情况和历史责任论式上，论证者通过强调人权、人道主义和历史责任号召政府收容难民或批评严格的难民政策；再次，德国难民话语与安全话语紧密关联，这体现在安全威胁、排外和偷渡论式上，在以上三种论式中，难民多被视为潜在的犯罪分子和恐怖分子或破坏社会与政治稳定的外来者；最后，德国难民话语中充满了对难民相关法律的引用、讨论与争辩，论证者常引用法律或依据国家法治性来论证某一避难措施的（非）正当性，例如引用《基本法》论证难民享有避难权、引用《日内瓦公约》论证难民遣返政策的不正当性。

四、论式的历时发展

在以上16种论式中，人道主义、来源国情况、经济好处和历史责任属于主导的支持论式，用于支持接收难民和宽松的避难政策；经济坏处、安全威胁、拉力/推力和滥用论式属于主导的反对论式，用于反对接收难民或支持严格的避难政策。根据德国避难申请数量发展趋势和各时期的主要难民群体，本文将研究时期划分为1978—1987年、1988—1994年、1995—

2007年和2008—2015年四个时期。由于篇幅的限制，本文仅对各个时期的主导论式（参见图1）进行比较。

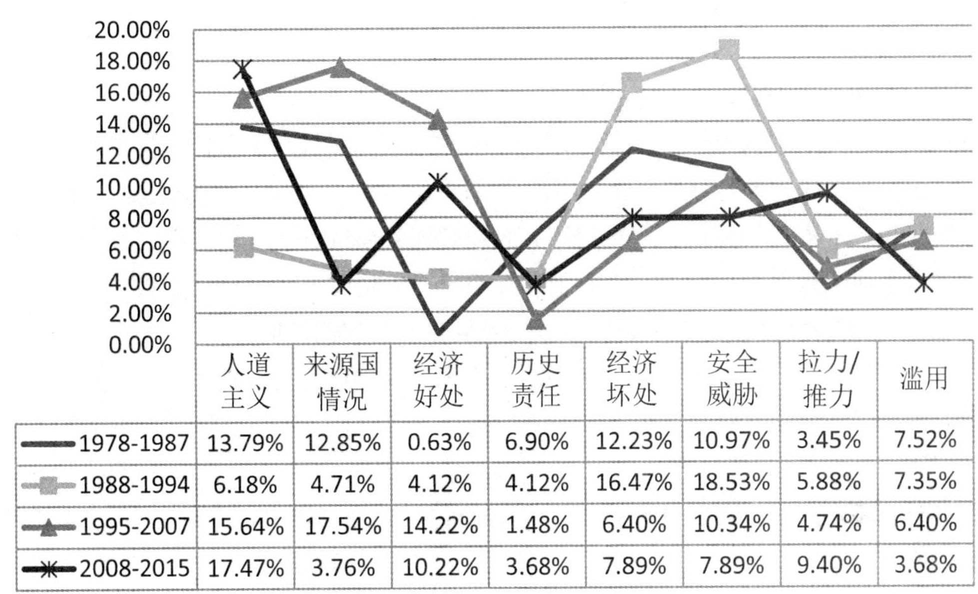

	人道主义	来源国情况	经济好处	历史责任	经济坏处	安全威胁	拉力/推力	滥用
1978-1987	13.79%	12.85%	0.63%	6.90%	12.23%	10.97%	3.45%	7.52%
1988-1994	6.18%	4.71%	4.12%	4.12%	16.47%	18.53%	5.88%	7.35%
1995-2007	15.64%	17.54%	14.22%	1.48%	6.40%	10.34%	4.74%	6.40%
2008-2015	17.47%	3.76%	10.22%	3.68%	7.89%	7.89%	9.40%	3.68%

图1　主导论式在各历史时期的比例

（一）1978—1987 年的论式分析

与其他三个时期相比，滥用论式在该时期的比例最高。根据《基本法》，避难申请者踏上德国领土后有权申请避难，且在避难申请审核期间有权获得政府提供的福利补助。由于避难申请审核时间较长，社会福利支出也随之增多，在这种情况下，所谓滥用避难法的“经济难民”便产生了。在滥用论式中，经济利益（尤其福利金）被视为难民的避难动机，因此该时期难民也常称作“贫困难民”（Armutsflüchtling）。经济坏处与安全威胁论式在该时期的比例也较高，其中经济坏处论式重点关注难民对劳动市场的负面作用，安全威胁论式则格外关注犯罪问题，常援引数据论证难民比本地人和其他外国人拥有更高的犯罪倾向，例如：

1. 避难申请者比其他外国人群体的犯罪率更高，每12个难民中就有一个犯罪嫌疑人，而每19个外国人和每47个当地居民中才有一个犯罪嫌疑人。（Der Druck muss sich erst noch erhöhen,1986.08.25）

该时期的历史责任论式比例在所有时期中最高，一方面该论式要求德国收容在第三帝国时期遭受迫害的族群，例如波兰人、辛提人和罗姆人；另一方面，该论式常追溯《基本法》中避难条款的历史渊源，要求德国履行为难民提供庇护的义务。值得注意的是，1986年出现了对历史责任论式的反驳，它具有以下两种形式。一方面，论证者主张难民政策应彻底摆脱二战历史与负罪感的影响，另一方面，历史责任论式与滥用论式出现在一个语境中，从而削弱了历史责任论式的说服力：

2.《基本法》的制定者将提供政治庇护作为一种荣誉性的义务与道德与物质上的补偿。但对这项基本权利（即避难权，译者注）的滥用导致全世界50亿人口都有权来德国申请避难。因此我们应该消除这种滥用避难权的行为，这也符合受政治迫害者的利益。（Der Fortschritt spricht bayrisch, 1986.10.06）

（二）1988—1994 年的论式分析

该时期正值东、西德统一时期，苏联解体和东南欧的民族冲突造成大量东欧与东南欧难民涌入德国，大量德裔外迁移民（Aussiedler）也在该时期移居德国，造成德国国内住房极其紧张。同时，东、西德统一后，东德的国有企业被托管局进行私有化改革，大量企业关闭，原东德境内失业人数上升。在这一背景下，反对论式比例远远高出支持论式，与其他时期相比，人道主义论式比例最低，经济坏处和安全威胁论式的比例则最高。

与前一时期不同的是，该时期的滥用论式很少对滥用行为进行描述，而是论证某种措施能否限制滥用行为，由此可见，该时期对难民滥用避难权这一“事实”已达成了基本共识，这促使了德国在1993年对《基本法》中的避难条款进行了限制。犯罪论式依然是安全威胁论式中最重要的论证形式，其数量远超过前一时期，基民盟成员Heinrich Lummer甚至称德国为“多元犯罪社会”（Geißler，1993），以此强调外来族群对德国内部安全的威胁。经济坏处论式一方面关注难民对住房的竞争和德国政府对难民巨大的财政支出，另一方面，该论式通过论证德国政府对财政的不公平分配将德国人与难民置于经济利益相冲突的位置，例如，

3. 如果没有针对外国人融入和对“假难民”的支出以及“错误规划与腐败”，那么所有退休人员的养老金都能达到合适的高度。（Die Grenzen der Demokratie markieren, 1989.06.05）

（三）1995—2007 年的论式分析

该时期，避难申请数量较少，难民问题仅在科索沃战争期间受到较大关注。来源国情况论式在该时期的比例最高，论证者通过描述科索沃战争的残酷来论证收容科索沃难民的必要性。人道主义论式在该时期的比例也较高，主要用于反对遣返土耳其和科索沃难民或批评欧盟针对非法移民的强硬措施。

该时期正值《移民法》制定时期，难民话语与移民话语相交叉，经济好处论式多以移民为对象，针对难民的经济好处论式仅一例，在这一例中，难民被视为有价值的低端劳动者：

4. 酒店和餐饮协会也要求取消对避难申请者的工作禁令，难民被认为是“有价值的员工”……法兰克福劳动局主席Hans-Peter Griesheime r认为有足够针对避难申请者的工作，这些工作都是失业的德国人不愿意干的，毕竟银行也需要打扫厕所的人员。（Arbeit statt Sozialhilfe, 2000.12.11）

滥用论式的比例在该时期有所下降，《明镜》周刊指出“滥用”行为实则为封闭性移民政策的产物。与前两个时期不同的是，该时期恐怖主义话语与难民话语开始交叉，卡普兰事件使德国开始关注恐怖主义，“9·11”事件和2004年的马德里恐怖主义事件则进一步促使德国将维护国家安全作为《移民法》的重要目标。

5.自从欧洲各大都市里已经形成了难以看清的阴影社会和平行社会以来，“欧洲堡垒”就不再是一个禁忌词。Otto Schilly（德国该时期内政部长，译者注）对由25个国家构成的欧洲堡垒有以下看法，他认为“应保护人道主义，但对骗子应紧闭大门”。（Kurz halten, 1999.11.01）

（四）2008—2015 年的论式分析

与其他时期相比，人道主义论式和拉力/推力论式的比例在该时期最高。人道主义论式主要用于批评欧盟与德国的难民政策，例如指责欧盟难民政策违背了人道主义价值观。在拉力因素论式中，一切对难民有利的避难措施均被视为应消除的拉力因素，例如仁慈的遣返政策。推力因素论式的使用者重点关注促使难民逃难的因素，认为改善难民来源国状况比收容难民更重要，以此回避收容难民的责任。

经济坏处论式仍然关注难民对财政和劳动力市场的负面影响，值得注意的是，经济好处论式的比例（10.22%）在该时期超过经济坏处论式（7.89%），难民被视为年轻劳动力和德国对未来的投资：

（6）正如对孩子的教育支出一样，我们也应将对难民的支出看作投资，而不是单纯的支出。如果难民工作，他不光纳税，而且还提高了企业的利润，企业同时也纳税。这是供给效应。同时还有需求效应。我们花在难民身上的钱总会对某些人有好处，将提高经济的活力。（Ihre Botschaft ist fatal，2015.11.13）

犯罪论式的数量有所减少，其论证效力也有所减弱，不仅较少引用具有说服力的数据，而且其使用者多为缺乏权威的右翼民粹分子和普通公民。与犯罪论式相反，恐怖主义论式在该时期得到强化，其数量有所上升，运用者也更加广泛。滥用论式的比例比其他三个时期都低，主要针对巴尔干难民，其使用者多为基社盟成员，例如巴伐利亚州长Seehofer指出存在“大量的滥用行为”（Bartsch, 2015）。

五、结　语

本文分析了1978—2015年《明镜》周刊中与难民相关的论式及其历史变迁。道德、法律、经济与内部安全这四个因素在难民话语中发挥了重要的作用。道德体现出德国对自我的道德要求，即履行人道主义义务和承担历史责任。道德义务往往通过法律确定下来，尤其体现在《基本法》中的避难条款和《避难程序法》对不推回原则的履行上。在所有历史时期，维护经济利益与内部安全的诉求都不同程度地与道德和法律义务产生了冲突，尤其在经济不稳定和难民数量急剧增多的时期（如1988—1994年），减少对难民的资源分配和维护内部安全的需求更加强烈。2008—2015年，难民数量虽然较多，但对难民经济价值的重视和对多元文化社会的共识一定程度上削弱了经济坏处与安全威胁论式的说服力。

从论式的发展变化可以看出，历史责任论式的比例呈下降趋势，反映出“二战”历史对德国避难政策的影响力不断减弱。自20世纪90年代中期起，安全威胁论式开始具有了新的内涵，难民不仅被视为犯罪倾向更高的群体，而且还被视为潜在恐怖分子。另一方面，随着德国对移民国家这一社会现实的承认和社会老龄化的加剧，难民渐渐被视为具有经济价值的劳动力。与此同时，难民所带来的问题在所有时期都受到较大关注，例如财政支出问题和犯罪问题。就难民话语的发展趋势而言，经济、道德、法律与安全因素将继续在难民话语中发挥重要作用，随着老龄化趋势的加强和德国国内民粹主义的发展，经济利弊论式与安全威胁论式将可能进一步得以强化。

参考文献

［1］Bartsch, M. Der Hass und die Heime [N]. Der Spiegel, 31. Juli 2015.

［2］Geißler, H. Auf Zuwanderung angewiesen [N]. Der Spiegel, 3. Januar 1993.

［3］Kopperschmidt, J. Argumentationstheorie zur Einführung [M]. Hamburg: Junius, 2000.

［4］Spitzmüller, J. &Warnke, I. H. Diskurslinguistik [M]. Berlin: De Gruyter, 2011.

［5］Wengeler, M. Topos und Diskurs. Begründung einer argumentationsanalytischen Methode und ihre Anwendung auf den Migrationsdiskurs (1960—1985) [M]. Tübingen: De Gruyter, 2003.

［6］李媛，章吟 . 论式话语分析：理论与方法 [J]. 中国外语，2018 (1): 45-50.

作者简介

唐艋（1988—），女，四川外国语大学德语系副教授，博士，研究方向：德语语言学、跨文化交际，E-mail: tangmeng@sisu.edu.cn。

汉语外来词研究中的几个问题*

李思龙

（浙江理工大学外国语学院，杭州，310018）

【摘要】当前关于外来词研究方面的文章及论著有不少，但似乎研究得不够全面。本文提出了几个需要研究的问题，首先探讨了“外来词”内涵的变化，接着用实例说明了外来词的构成形式，着重探讨了外来词规范化研究的问题。认为从社会语言学角度进行汉语外来词研究将有助于外来词在社会生活中的应用和规范，有利于汉语语言文字的健康发展。

【关键词】外来词；外语词；规范化；社会语言学

一、引　言

汉语为适应变化着的社会交际需要而不断地演变和发展，在这个过程中，外来词对于汉语的发展产生了很大的影响。公元前2世纪至公元10世纪的汉唐时期是引进外来词的一个高潮时期，19世纪末晚清至20世纪30年代是引进外来词的又一个高潮时期，改革开放以来的最近三十多年是引进外来词的第三个高潮时期。最近三十多年来，关于外来词方面发表了不少论文，出版了不少专著和词典，例如1978年张清常的《漫谈汉语中的蒙语借词》、1991年史有为的《异文化的使者——外来词》、1994年梁晓虹的《佛教词语的构造与汉语词汇的发展》、2007年杨锡彭的《汉语外来词研究》、1984年刘正埮等编写的《汉语外来词词典》、2001年刘涌泉的《字母词词典》等。这些专著或词典从语言、文化乃至佛教和古典戏曲方面，对外来词进行了研究。事实上，国外学者对于外来词研究也有不少，但他们对汉语外来词的研究很少；像法语、德语、拉丁语等这些用拼音字母书写的语言间的外来词一般是直接借用，相比较而言，汉语外来词研究要复杂得多。改革开放以来，外来词引进的步伐加快，与外来词相关的一些问题也不断出现，我国政府相关部门及相关学者越来越重视汉语外来词的研究。本文将就外来词涉及的几个问题进行探讨。

二、外来词引进现状

随着改革开放的深入、国际交流的加深、信息传递的加速，越来越多的外来词出现在

* 基金项目：本文为浙江省社科联课题“2000年以来汉语外来词的现状和规范研究”（2013N205）和省语委重点规划课题“社会语言学视野中的汉语外来词研究”（ZY2011B17）的阶段性成果。

书籍、报刊和电视网络媒体中。有些媒体在外来词的引用方面随意性强，“快餐化”“娱乐化”现象突出。作为“公共话语”的载体，媒体重视话语权而缺乏责任感。每当打开报纸阅读时，我们会不时地看到一些外来词，例如，2010年12月7日杭州《都市快报》的“财经新闻”有一个报道，标题是：中国目前电子商务市场C2C规模是B2C的4倍多。读到这个标题时，有些读者不知所云，对他们来说，该标题已经影响了作为标题的效果。至于网络文章，此类现象更是常见。

“中国语言文字网”每年发布“汉语年度新词语”，EMBA 成为2006年度新词语，“甲型H1N1流感专题”成为2009年度中国媒体5个特色专题之一，“3D”处于2010年度科技类十大流行语首位，“Hold住”成为2011年十大流行语，“江南Style”成为2012年度中国媒体十大网络用语，“H7N9禽流感”成为2013年度中国媒体十大新词语，“PM2.5”跟“雷人”“月光族”等一样成为2013年热词。又如，同一个字母可指称不同的内容，以字母“G”为例，媒体上经常出现GDP、GNP、GPS、GRE四个缩略词，可是没有标注译文或说明，很显然，人们无法一看便知“G”字母所指的具体单词和具体意思。这类外来词引进都很不规范。

2001年1月1日实施的《中华人民共和国国家通用语言文字法》（下文简称为《通用语言文字法》）第十一条规定：“汉语文出版物应当符合国家通用语言文字的规范和标准。汉语文出版物中需要使用外国语言文字的，应当用国家通用语言文字作必要的注释。”但许多出版物滥用外来词，也没有给予必要的注释。该法第四条规定：“国家为公民学习和使用国家通用语言文字提供条件。”然而，由于各种因素，提供的条件相对滞后，直到2013年9月13日才审议通过《第一批推荐使用外语词中文译名表》，但表中所列的也只有极少的10个外语词及其中文译名。当前外来词的引进和规范工作已经远远跟不上社会发展的需要，已严重影响公民对于国家通用语言文字的学习和使用。《通用语言文字法》中与汉语外来词相关的还有第十二条、第十三条、第二十五条等，许多条款没有得到很好的执行。这是外来词引进过程中的尴尬，也是《通用语言文字法》执行过程中的尴尬。

除出现在报刊书籍等出版物之外，各级电视广播台播出的节目中也经常出现这种现象。2010年12月1日，中央电视台新闻台“晚间24小时”中的女主持人说：“有人认为，不能简单地对山寨手机说‘No’或者‘Yes’，……”在接着的一则新闻中，她说：“……足联准备起诉BBC。”近年来，电视台播出中随意使用外来词以及地方方言的现象也很严重，以至于2013年12月31日，国家新闻出版广电总局专门发出通知，要求广播电视节目规范使用通用语言文字，不得随意使用地方方言和外来词，在推广和普及普通话方面要起到带头示范作用。可见，外来词的引进现状和使用现状令人担忧，因此，加快外来词的规范化研究已经迫在眉睫，否则滥用外来词的这种潮流和习惯会影响汉语的健康发展。

三、外来词的内涵

1999年版《辞海》（第933页）这样定义“外来词”：“外来词”也叫“外来语”或是“借词”，一种语言从别种语言里吸收过来的词，外来词是各民族间互通往来时引起语言的接触所产生的。2017年第7版《现代汉语词典》（第1344页）这样定义：“外来语”是从别的语言吸收来的词语，如汉语里从英语吸收来的“马达、沙发”，从法语吸收来的“沙龙”。从这两个定义看，“外来词”是指从其他语言里吸收来的，而其他语言可以是指国内的少数民族语言，也可以是指外国语言的，可见，对于汉语来说，这时的“外来词”是一种泛指。最近三十多年来，关于外来词方面的文章和专著很多，但大家发现，这些文章或专著中的“外来词”实际上是指来自外国语言的词语，所以，更确切地说，这些都是源自“外语词”的“外来词”。

2012年1月，经国务院批准，由国家语委牵头，包括中央编译局、外交部、教育部在内的10个部门，组成了一个议事协调机构，称为“外语中文译写规范部际联席会议”。其主要职能是：统筹协调外国人名、地名和事物名称等专有名词的翻译工作，组织制定译写规则，规范已有外语词中文译名及其简称，审定新出现的外语词中文译名及其简称。该联席会议专家委员会于2013年9月13日审议通过了《第一批推荐使用外语词中文译名表》（下文简称《中文译名表》）。大家发现，该表所列的10组外语词及其中文译名，都是社会上已经广泛应用，所选用的中文译名也已经较为成熟，而且全是关于外语词缩略语的，其中包括“AIDS”(acquired immunodeficiency syndrome)，译成“艾滋病”；“OECD”(Organization for Economic Co-operation and Development)，译成“经济合作与发展组织”或“经合组织”等。改革开放三十多年了，终于有了一个专门规范外来词的协调机构，但从仅有的10组外语词及其中文译名来看，这个《中文译名表》的完成只是第一步。

《中文译名表》里，专家们用了“外语词”，应该是很明确地表明：这些汉语外来词就是来自外语，“外语”即“外国语”（2017年第7版《现代汉语词典》，第1345页），而且以后研究对象和规范对象一般就是外语词及其中文译名。这是符合改革开放以来引进外来词方面实际情况的。

“外来词”是一个笼统的称呼，是一个习惯称呼。如果说，20世纪初以前由于各种原因汉语从国内少数语言中引进的外来词还有的话，那么，近一百年来，引用国内少数语言的外来词越来越少，而引自外语的外来词越来越多，尤其是改革开放以来的30多年里引自外语的外来词更是不计其数。“外来词”作为一个概念，其定义没有改变，但现实生活中其内涵意思已在渐变，现在大家潜意识里已经认为外来词就是来自外语。所以，如果以后有关外来词的文章或专著里的例子都是来自外语，读者也会是感到很自然的事。

四、外来词的构成形式

史有为在《汉语外来词》中这样界定外来词："在汉语中，一般来说，外来词是指在词义源自外族语中某词的前提下，语音形式上全部或部分借自相对应的该外族语词、并在不同程度上汉语化了的汉语词；严格地说，还应具有在汉语中使用较长时期的条件，才能作为真正意义上的外来词。"（史有为，2003：4）根据这种说法，外来词一般要符合以下几个要素：（1）词义源自外族语；（2）语音形式上全部或部分与外语词对应；（3）具有汉语语言成分特征；（4）经过了较长时间的使用并已融入汉语词汇系统中。对应以上提到的四个要素，上文提到的外来词中，"艾滋病"（AIDS）似乎全部符合了，但"经合组织"（OECD）在语音形式上是不相符的。

除缩略词以外，外来词的构成形式还有多种多样。这里主要列举如下：音译词——坦克(tank）、厄尔尼诺(El Niño)、克隆（clone）等；意译词——超人(superman)、代沟(generation gap)、末流明星（Z-list celebrity）等；音意兼译词——苹果派（apple pie）、基因(gene)等；形译词——饱和、福祉（指"连形带义"借入的外来词，尤其是由日语借入）等。

随着信息技术的发展和国际间各国交流的增多，符合集约社会需求的字母词大量涌现，成为外语词的主要体现形式。字母词是指汉语中带外文字母或完全用外文字母表达的词，例如：B超，卡拉OK，WTO，APEC，等等。杨锡彭根据目前出现在书籍或媒体中的外语词情况，把字母词归纳为以下几种形式：（1）英语字母词，包括英语词和英语首字母缩略词，如Internet（互联网）、MTV（音乐电视）；（2）汉语词语的汉语拼音字母缩略形式，如GB（"国际标准"的拼音首字母缩略形式）、HSK（"汉语水平考试" 的拼音首字母缩略形式）；（3）以字母表形的字母词，如T恤衫、"S"形弯道（杨锡彭，2007：169—170）。应该说，像"GB"这些汉语拼音字母缩略形式不属于外语词。

上文提到的像B超、CD、UFO、MTV等完全使用外语词形式的外来词被称为"不译词"（陈光磊等，2008：146）。不译词一般是指外语字母词，最多的是英文字母词，也有法文字母词等。由于社会发展太快，信息传递太快，有些外语词来不及翻译或不便翻译，有些是媒体为了简便、新奇或其他需要而直接引进。这些直接引用外语词的外来词，是我们规范的主要对象。

重新审视一下2013年9月13日审议通过的《中文译名表》。该表对于推荐的每一个词都列出了四个部分：外语词缩略语、外语词全称、中文译名、或译为等（见下表）。为了方便表述，本文直接引用了《中文译名表》中的五个外语词。

表中列出了"外语词缩略语"和"外语词全称"，"外语词缩略语"基本上是"外语词全称"中各个单词的首字母组成的大写词。而"中文译名"基本上是"外语词全称"的翻译，或是为使用方便而由全称翻译缩短省略而成的缩略译名，即表中的"或译为"。仅从《中文译名表》的"中文译名"和"或译为"两栏中，我们看到了外来词的两种构成形式。

序号	外语词缩略语	外语词全称	中文译名	或译为
1	AIDS	acquired immunodeficiency syndrome	艾滋病	
2	E-mail	electronic mail	电子邮件	电邮
3	GDP	gross domestic product	国内生产总值	
4	OECD	Organization for Economic Co-operation and Development	经济合作与发展组织	经合组织
5	OPEC	Organization of the Petroleum Exporting Countries	石油输出国组织	欧佩克

目前为止，似乎所有汉语词典的“外”字后面都有“外来词”或“外来语”的词条，但遗憾的是，似乎很少有“外语词”的词条。但有一点是比较明确的，即“外语词”的“词”如同“外来词”的“词”，是“词语”的意思（2017年第7版《现代汉语词典》，第213页），那么，“外语词”的意思就基本明确了。从《中文译名表》看，表中的外语词似乎主要是指“外语词缩略语”和“外语词全称”两种形式。

该表是由官方通过使用的，表中的术语名称是有引导性的，所列的例子是有示范性的。读者可能会问一系列问题：该表为什么称为《第一批推荐使用外语词中文译名表》，而不是《第一批推荐使用外来词表》？难道“外来词”就是等于“中文译名”？如果是这样，难道成千上万的外来词（即“外语词中文译名”）都需要经过官方认定分批推荐使用吗？以后是否只推荐有缩略语形式的外语词中文译名？

五、外来词的规范化研究

周有光在《中国语文的时代演进》一书中指出：“中国的工业化落后了一步……在（语言发展）历史的道路上，中国只有以加倍的努力迎头赶上，坚持振兴教育和发展科技，提高语言和文字的规范化水平，不断自我完善，向信息化时代前进”（周有光，2009：139）。2014年4月25日《人民日报》刊登评论《“零翻译”何以大行其道》，批评大肆使用外来词的现象。文章称，如今WiFi、CEO、MBA、CBD、VIP、PM2.5等大量外语词不经翻译见报，甚至还出现在某些学术期刊里，不仅破坏汉语的纯洁和健康，也消解了中国文化的内涵。文章还质问道，为什么Nokia和Motorola能译成汉语，而iPhone和iPad就没能翻译过来？事实上，相关政府部门一直重视外来词的规范化问题，2001年实施的《中华人民共和国国家通用语言文字法》的许多条款都是针对外来词作出规定的，但是规范的进度太慢，远远不能满足社会发展的需要。

社会语言学是“联系社会研究语言”［哈德森（Hudson）1996：4］，重在考察语言与社会之间的关系，目的是了解语言的结构以及语言在社会生活中的作用。在研究语言时要重视语言内部结构的研究，同时也不能忽视语言的社会功能和社会变异的研究。目前研究汉语外语词的专著或词典有不少，但从社会语言学角度研究汉语外语词的并不多。原因是多方面的，主要是因为社会语言学是一门实证科学，它必须建立在充足的资料库的基础上。由于改革开放之初大家对外来词陌生，当时的研究只能停留在“蝴蝶标本”式的采集阶段；而改革开放三十多年后的今天，汉语外来词研究较有基础，不断涌入社会的外来词（有些已被滥用）也需要规范，所以从社会语言学角度对汉语外来词进行研究不仅必要，而且可行。

运用社会语言学领域的研究成果及其理论总结，客观科学地指导针对改革开放以来的汉语外来词的规范化研究。主要研究外来词的来源、性质、分类以及规范化过程，研究外来词引进的基本原则（填空补缺作用、辨识无障碍、能与汉语协调融合等）以及常用的外来词汉化法（完全音译法、音意译结合法、意译借词法及“循音赋意”法等）。尽可能全面地厘清已经定型或基本定型的汉语外来词，并对其渐变过程进行研究。外来词规范化在科学术语、人名和地名等方面相对容易，但在新闻报刊媒体用语（尤其是以缩略词或字母词等形式存在的汉语外来词）方面比较难，所以要尽量全面地建立相关资料库。另外，由于互联网的普及、电视和电子报刊的传播以及境内外人员的频繁交往，使得我们必须从虚拟网络和全球的视野来观照汉语外来词的规范化。在汉语外来词的规范化研究过程中，最困难、最艰巨的工作应该是考定一个个外来词的词源和流变，弄明白是通过什么途径和经历怎样的过程才成为现在的表达形式。研究过程中，要借助种种现代化手段，广泛收集各类信息，厘清外来词的词义和词形的流变，并探讨行之有效的外来词规范化方法。

要在语言文字本体意义上研究外来词的各种特点。注重外来词音、形、义之间的关系以及各种变异现象，研究外来词的语义特点、结构特点对汉语的渗透和影响，尤其是外来词对现代汉语的词语意义、词语结构的积极影响和消极影响，力图从本质上揭示汉语外来词的基本特点。在汉语外来词规范化研究过程中，要研究传统的外来词汉化方法，努力揭示外语词汉语化的基本规律，探索外来词规范化途径。我们吸收外来词就是为了更好地应用外来词，促进汉语词汇的健康发展。为此，当前我们在研究外来词时，除了研究传统的常规外来词，还要注意以下一些特殊现象的研究：

1. 科技术语、专业名词的译名不统一现象。大陆、香港对同一英文名称都有不同的译法，按照各自的习惯、标准加以翻译，没有统一的标准和原则。例如，accumulator，香港译为“集数器”，大陆译为“累加器”。

2. 少数外来词的汉语表达法虽已定型，但出于某种目的，翻译有了变化。比如“disco”，现在通行的是音译词“迪斯科”，但有人出于讥讽的修辞需要，偏偏强行采用音兼义的译法说成“爹死狗”。此类现象也值得关注。

3. 外语缩略词与汉语缩略词对应的问题。缩略法是现代汉语的一种重要构词手段，例如：三月八日国际劳动妇女节→三八妇女节→三八节→三八。有趣的是，“TCM”被译成“中药”，这实际上是个出口转内销的过程：中国传统医药（中药）→ traditional Chinese medicine →TCM →中药。外国语缩略词汉语化也有成熟例子，例如，《第一批推荐使用外语词中文译名表》中的"OPEC"，既认可全称"石油输出国组织"，也认可缩略词"欧佩克"。如果将来某一天，在翻译外语缩略词时能使用中文缩略词与之相对应，那可是很高境界。

4.注意汉语拼音和外国语字母的区分。汉语拼音"mm"成了2008年使用频次最高的十个网络用语之一；还有，"我不知TA是谁"以及"赵C今天没有来"此等句子中的汉语拼音字母不是外语词。再如，商场或网络中经常看到的"3D空调""4D报纸""BMW族""UV行动"这些词，估计很多读者不知所云，大家以为都是外语缩略词。实际上，"3D空调"就是"3低空调"，是指"低碳、低能耗、低价格"的空调，D是"低"字的汉语拼音首字母，而后三者"4D报纸""BMW族""UV行动"应该是外语词缩略语。"4D报纸"即"4维报纸"，"D"是英文dimension的首字母；"BMW族"就是借助公交车、地铁、步行上下班的人，"BMW"为bus（公交车）、metro（地铁）、walk（步行）的首字母缩写；"UV行动"就是大学生运动会志愿者宣传活动，"UV"是Universiade Volunteer的首字母缩写。所有这些形式都增加了我们外来词规范化研究的难度。

六、结　语

我们应该加快汉语外来词的规范化研究，保护汉语的纯洁性和语言文字的健康发展。在具体的规范过程中，要尽可能全面地厘清已经定型或基本定型的汉语外来词，并对其渐变过程进行研究。有些是前人已经归纳了的，如"五四"前后一度流行的那些纯音译词，而有些则须继续观察。

社会语言学所研究的大多是社会生活中的实际语言问题，旨在结合社会研究语言，重在考察语言与社会之间的关系，目的是了解语言的结构以及语言在社会生活中的作用。从社会语言学角度研究汉语外来词，拓展了以往汉语外来词的研究途径，更好地解决当前社会生活给我们提出的有关汉语外来词的实际问题。

政府相关部门应及时研究和规范新的外来词。例如，2012年MOOC的出现开启了这场教育界的工业革命。MOOC是大型在线开放课程（Massive Open Online Courses）的简称，它将全球顶尖大学的课程放到网络上，每一个人都能免费学习这些课程。网络媒体翻译的版本很多，如"慕课""魔课""模课""网络公开课""大规模网络公开课"等。管理部门应尽早规范。

正如史有为在《汉语外来词》一书中所指出："一种纯而又纯的语言必然是没有竞争力的语言，必然导致使用社群的狭窄甚至萎缩……我们在语言接触和融合的问题上当然要有民族的意识，但更要有世界的意识。"（史有为，2003：2）外来词规范化过程也是一个实践的过程，我们要有开放的心态对待外来词。实际上，在某个特定时段和环境下，外来词有其存在的理由，至于是否继续存在，由社会实践来检验。例如，2011年是中国兔年，网络上充斥着包含“兔YOU”（“兔”是“TO”读音相同）的祝福语、兔子民谣、兔子典故，例如快乐“兔”YOU、健康“兔”YOU、好运“兔”YOU等。甚至用最经典的“V”形手势代表“兔”（“V”好比两根竖起的手指代表兔子耳朵，同时含有“胜利、成功”的意思，因为“V”即“victory”，有“胜利、成功”的意思）来互相问候：好运“V手势”YOU！（“V手势”：手势加停顿）。现在看来，网络上不再有这些现象，说明这些短暂的实践不影响汉语的纯洁性。也许下一轮兔年又会暂时出现。

在中国社会经济文化等各方面快速发展过程中，引进外来词时出现各种问题是不可避免的，规范也需要一个过程。关键是引进外来词时，是否考虑到读者、观众或听者的实际情况。2011年9月30日，《中国青年报》有一篇题为“好莱坞扫荡中国院线 年轻人惰成文化偏食者”的报道：“……一部叫作《夜晚的世界》的奥地利电影，在CNEX（一个纪实影像项目，致力于全球范围内华人纪实影像的开发合作与交流推广——编者注）纪录片沙龙的银幕上，朴素地叙述着奥地利人的真实生活。仅能容下四五十人的放映厅坐得满满的，没有门票，没有广告，只有网络集结和口耳相传。”上句括号中用于解释的“编者注”部分就很好地说明了《中国青年报》心中装有读者的服务意识。

参考文献

[1] Hudson， R.A: Sociolinguistics[M]. Cambridge: Cambridge University Press， 1996.
[2] 陈光磊等. 改革开放中汉语词汇的发展[M]. 上海：上海人民出版社，2008
[3] 史有为. 汉语外来词[M]. 北京：商务印书馆，2003.
[4] 杨锡彭. 汉语外来词研究[M]. 上海：上海人民出版社，2007年.
[5] 周有光. 中国语文的时代演进[M]. 北京：北京人民文学出版社，2009.

作者简介

李思龙（1964—），男，浙江理工大学外国语学院副教授，硕士，研究方向：翻译理论与实践，E-mail：leeshielong@163.com。

英汉化妆品广告语篇劝说策略对比研究

蔡冬漫

（广东外语外贸大学，广州，510420）

【摘要】广告的目的是运用各种劝说策略，试图吸引受众的注意力并尝试说服受众按广告的意图去行事。为了使自身在竞争激烈的国际市场成功实现广告的劝说功能，中西方化妆品广告商会在广告中科学系统地运用不同的劝说策略，以取得广告策划的成功。本文基于亚里士多德的三大修辞劝说模式，探讨了英汉化妆品广告语篇劝说策略使用的异与同并揭露其背后隐藏的原因，试图为英汉化妆品广告语篇的设计和创作提供借鉴意义。

【关键词】英汉化妆品广告语篇；劝说策略；对比研究

一、引　言

作为一种交际活动，广告具有劝说性或支配性的特点（林书勤，2012）。广告的目的是运用各种劝说策略，试图吸引受众的注意力并尝试说服受众按广告的意图去行事，这与西方传统修辞学的目的一脉相承。为了达到这个目标，广告商非常重视对广告语的设计，因为广告语是广告的重要载体。修辞是一种沟通，它要通过说服让人产生认同，因此，广告活动也是一种修辞活动。亚里士多德的古典修辞学，强调以听众为中心的劝说作用，体现在广告中就是要以目标消费群体为中心。化妆品广告作为广告的其中一个类别，其目标消费群体是女性消费者。而随着全球化进程化的加快，如何使自身在竞争激烈的国际市场中脱颖而出并成功克服文化障碍和实现广告的劝说功能，成为中西方化妆品广告商需要思考的问题。由于文化差异，中西方广告商在广告语篇中运用劝说策略会有共性与不同。因此，本文将基于亚里士多德的三大修辞劝说模式，试图对英汉化妆品广告语篇劝说策略进行对比分析并回答以下三个问题：（1）劝说策略在英汉化妆品广告语篇中的分布规律是什么？（2）英汉化妆品广告语篇不同层面在劝说策略运用方面有哪些异与同？（3）是什么原因导致了这些异与同？

二、文献综述

随着全球化进程的加快，关于广告语篇的跨文化对比研究日益受到了学者们的关注。针对英汉广告语篇展开对比分析的文献也日趋丰富。姜龙（2011）则探讨了英汉广告语篇的逻辑语义衔接的异与同。而李孟君（2012）展开了英汉广告语篇的主位推进模式的对比研究。此外，随着化妆行业的日益发达，聚焦于英汉化妆品广告语篇的研究也越来越多。任蕾蕾（2011）对比分析了英汉化妆品广告语篇的模式和礼貌策略，邬倩（2011）对比分析了汉英化妆品广告语篇中的人际意义，而钟华丽（2012）则对中美时尚杂志化妆品广告中的劝说策略进行了对比研究。

在文献回顾中，笔者发现目前现有关于英汉化妆品广告语篇的研究存在以下2点不足：（1）目前尚缺乏同时从词汇、句法和语篇多个层面对英汉化妆品广告语篇展开的对比研究；（2）关于英汉化妆品广告语篇中劝说策略的研究也较少。因此，本文将基于亚里士多德的三大修辞劝说模式，从词汇、句法和语篇三个层面对英汉化妆品广告语篇中劝说策略进行对比分析。

三、理论框架

（一）亚里士多德的三大修辞劝说模式

古希腊伟大的哲学家、修辞学家亚里士多德（罗念生译，2006）把修辞学定义为“一种能在任何一个问题上找出可能的说服方式的功能”。针对如何取得说服的成功，亚里士多德提出了不属于技术范围的手段和属于技术范围的手段。其中属于技术范围手段的是三种修辞劝说模式：理性诉求（logos）、情感诉求（pathos）和人品诉求（ethos）。理性诉求基于逻辑、因果关系；情感诉求基于情感；而人品诉求基于信誉性，可信性。

理性诉求是“修辞学首要的劝说手段，是以形式、惯例、推理模式去打动听众使之信服的感染力”（温科学，2006）。谭丹桂（2009）指出，对他人进行说服的过程，其实也就是基于原有的事实进行逻辑推理或者是引用例子，以达到说话者与听众之间的共同立场(common ground)，从而使听众接受自己的观点，即“晓之以理”。情感诉求是指通过对听众心理的了解来诉诸他们的感情，用言辞去打动听众，即我们通常所说的“动之以情”。人品诉求是指修辞者的可信度和人格威信，亚里士多德称人品诉求是“最有效的说服手段”。简而言之，人品诉求、情感诉求和理性诉求为了达到“说服”的共同目的而通力合作——品格吸引人，情感打动人，理性以理服人。

（二）分析框架

本文以亚里士多德的三大修辞劝说模式为理论框架，探讨广告语篇如何运用词汇、句法和语篇模式三种语言手段实行广告三种劝说策略包括理性策略、情感策略和人格策略，从而最终实现广告的劝说功能。其中语篇层面还将结合Hoey（2001）语篇模式的分类标准进行分析。下图是本文的分析框架。

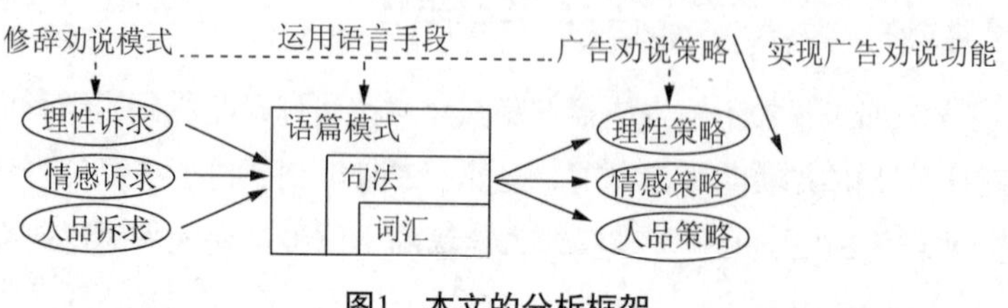

图1 本文的分析框架

四、语料分析

（一）语料选取

本文运用随机抽样的方法进行语料选取，并基于亚里士多德的三大修辞劝说模式对所选语料进行定量研究和定性研究，通过定量研究探讨英汉化妆品广告语篇中三种劝说策略的分布，同时还结合定性研究举例分析英汉化妆品广告语篇在词汇、句法和语篇三个不同层面三种劝说策略的运用特点并揭露背后的原因。为了保证化妆品广告语篇数量和质量，英语化妆品广告语篇将选自Cosmopolitan和 Vogue，而汉语化妆品广告语篇选自其相应的中国大陆发行版《时尚・Cosmopolitan》和《Vogue服饰和美容》，选取年份为2013年。按季度随机抽取Cosmopolitan5月刊新加坡版、Vogue 12月刊美国版、《时尚・Cosmopolitan》7月刊与《Vogue服饰和美容》11月刊，共得中英文杂志4本。排除以广告画面为主的化妆品广告和重复的广告，每本杂志中随机选取10个构成语篇的化妆品广告，得到中英文广告语篇共40篇。

（二）三种劝说策略的定量分析

由于化妆品广告语篇中运用的劝说策略有时不总是一种，为了更成功地达到广告的劝说效果，广告商有时会同时运用多种劝说策略。因此，为了更加科学地对英汉化妆品广告语篇的劝说策略进行定量分析，本文基于亚里士多德的三大修辞劝说模式，将所选语料进行分类：包括理性诉求型广告、情感诉求型广告、人品诉求型广告、理性—情感诉求型广告、理性—人品诉求型广告、情感—人品诉求型广告语篇与理性—诉求—人品诉求型广告。因此，对广告语篇劝说策略的统计是基于以上对广告分类展开的。表1展示了所选语料劝说策略的分布。

表1　英汉化妆品广告语篇劝说策略的分布

广告语篇类别	劝说策略		
	理性策略	情感策略	人品策略
中文化妆品广告语篇	75%	80%	10%
英文化妆品广告语篇	85%	90%	10%

由表1可以看出中英文化妆品广告语篇劝说策略都以情感策略为首选，在中英文化妆品广告语篇中比例分别为90% 和80%。其次，是理性策略，在中英文化妆品广告语篇中比例分别为85% 和75%。最少被运用的是人格策略，在两类广告语篇中比例都仅为10%。广告作为一种劝说行为，只有做到“以理服人，以情动人”才能其成功实现说服功能。因此，理性策略与情感策略受到中西方化妆品广告商的青睐。此外，还可以发现英文化妆品广告语篇比中文化妆品广告语篇更加注重对理性策略和情感策略的运用，两个策略在英文化妆品广告语篇中的运用比例都高于中文广告语篇。

（三）三种劝说策略的定性分析

由表1，我们只能粗略了解英汉化妆品广告语篇在三种劝说策略中运用比例的同与异。为了进一步发现其异同点，下文将从词汇、句法和语篇三个层面对劝说策略进行定性分析。

1. 词汇层面对比分析

通过对语料的统计与分析，笔者发现在词汇层面英汉化妆品广告语篇主要通过对数字和科技术语的运用实现理性劝说；通过对夸张词汇的运用实现情感劝说；通过对名人或权威机构的运用实现人品劝说。

1.1 数字

广告语篇中运用数字语言，有利于增强广告的说服力。化妆品广告中运用数字一方面有利于迎合女性消费者迫切变美的心理，另一方面用数字说话，即“以理服人”更能凸显广告的效果，从而实现广告的目的。经过对所选语料进行分析和统计后，发现英汉化妆品广告语篇都运用数字实现其理性劝说策略。具体例子如下：

（1）法国殿堂级医学护肤品牌Christian BRETON，第一专家及眼部护理，全球冷冻疗法，采用最新科技，比拟医学美容效果，连续使用28天，有效减少皱纹52%。（克莉丝汀·伯顿无瑕眼部紧致精华液）

（2）Even the best mascara out there won’t be able to work its magic if you’ve got short, stubby lashe……in a clinical study， 100 percent of women reported visible improvement in the look of their lashed in just two weeks. In four weeks， the women showed up to a 40 percent improvement in the length， thickness and density of lashes!(Elizabeth Arden Prevage Clinical Lash+Brow Enhancing Serum)

以上两个例子都展示了化妆品广告商运用数字增强广告语篇的说服力。例（1）“有效减少皱纹52%”，用百分比客观说明了使用效果，而例（2）中“in just two weeks”和“a 40 percent improvement”通过客观数字说明了产品使用效果快而明显，从而达到劝说消费者购买的功能。

但值得注意的是，英汉化妆品广告语篇对数字的运用比例有所差异，英文化妆品广告语篇为55%，而中文化妆品广告语篇仅仅为35%，这可能与中西方不同的文化理念相关，西方注重客观真理而东方更强调灵活与多变。

1.2 科技术语

专业的科技术语常常被运用于化妆品广告，目的在于通过让目标消费群体相信产品的质量并增强广告的专业性，从而实现广告的劝说功能。研究中，笔者发现英汉化妆品广告语篇中都运用了科技术语，如高新技术名称或化妆品的成分，而且运用比例都为45%。但相比中文化妆品广告语篇中比较宽泛和模糊的术语，英文广告语篇中更多是对产品成分的具体描述。具体例子如下：

（1）雅诗兰黛发现，年轻轮廓源自肌肤内“芯”——肌肤微结构。新概念4C逆时微塑科技，自肌“芯”触发……经测试并证实，对亚洲女性效果真实可见。（新概念4C弹性紧实眼霜和面颈晚霜）

（2）INSTANT MOISTURE， ALL-DAY LONGWEAR COLOR This velvety soft formula with moisturizing shea butter and aloe is food-proof and doesn't quit. 8 suede shades. Apply once and go.(New Revlon color stay ultimate suede lipstick)

例（1）中，“新概念4C逆时微塑科技”是一个比较抽象的概念，而例（2）“shea butter and aloe”直接说出了产品的原料与成分。这种差异是由中西方的营销观念相关的，西方广告商注重原生态产品，强调产品的天然性，而东方广告商则更注重强调产品的技术含量。

1.3　名人或权威机构

人品诉求是指修辞者的可信度和人格威信，体现在广告中就是可以运用“明星效应”或“权威机构”对产品的宣传或认同实现劝说目的。所选语料中英汉化妆品广告语篇通过提及名人或权威机构实现人格劝说策略的比例相当，并无明显差异。具体举例如下：

（1）一次重大创新——第一次，雅诗兰黛联袂美国UH Medical Center共探睡眠，旷世空前的“人体睡眠与肌肤关联性实验”发现肌肤缺觉才是老化加速的关键……。一觉醒来，邂逅更美丽的肌肤。（雅诗兰黛特润修护肌透精华露）

（2）For the first time， our scientists have unlocked a new secret equation of skin's youthful appearance: a combination of 10 measurable clinical signs that are not only visual but also tactile. …… Visible results in just 7 days.(Lancôme)

以上两个例子都是通过对权威机构“美国UH Medical Center”和“our scientists”的提及，实现广告的人格劝说策略。

1.4　夸张效果的词汇

对于化妆品广告语篇来说，要想把握住女性消费者的“渴望变美的迫切心理”，便要合理地运用情感劝说策略。所选语料中，英汉化妆品广告语篇中运用夸张词汇实现情感劝说策略比例也较大且非常接近分别为75%和70%。具体例子如下：

（1）奢享受超乎寻常的紧致提升。……若非亲眼见证，或许难以置信：脸部轮廓显著提升，肌肤愈焕紧致年轻，一切如你所愿…… 只需一抹，改变就在眼前。（莱珀妮鱼子精华紧颜液）

（2）Visionnaire serum， our advanced skin corrector honored with 94 international awards. This fast-acting serum shows visible results in just 1 week. Wrinkles， pores and unevenness are visibly corrected. Clinically proven on multiple ethnicities.(Visionnaire serum)

例（1）中的“一切如你所愿…… 只需一抹，改变就在眼前”和例（2）中的“in just 1 week”都说明了产品效果神速，对于迫切变美的女性消费者来说，有非常强的吸引力和说服力。

2. 句法层面对比分析

李晓菲（2011）指出，中英广告在句法层面都偏爱简单句和省略句，一方面是考虑各个年龄和阶层的认知程度；另一方面为了方便传播。但有时为了调动目标消费者情感，引起他们的注意力和同理心以产生说服的效力，广告商会运用排比句、对称句、祈使句和问句。由于所选语料的化妆品广告大部分是高端产品，其消费对象更多是白领阶层的女性消费者，因此其句式类型会比较多样化，以期引吸引她们的注意力。情感劝说策略是英汉化妆品广告语篇中运用比例最大的劝说策略，在句法层面上的运用略有差异，而在理性策略和人格策略无明显体现。英文语篇主要以问句为主，其次是祈使句，再次是排比句；而中文语篇以对称句为主，其次是排比句，再次是祈使句和问句。一方面这是由英汉语言特点的差异决定的，汉语偏爱对称句式，因为其三大优点：内容上言简意赅；形式上整齐均匀；语音上顺口悦耳；而英语句式结构相对单一；另一方面也受到英汉文化差异的影响，西方文化国家强调“个人主义”，广告商倾向于将消费者看作独立的个体，而东方文化国家强调“集体主义”，广告商倾向于将消费者看作一个群体。因此西方文化广告商偏向于使用问句，实现与消费者个体的对话，其达到情感劝说，而东方文化国家倾向于使用对称句和排比句等类似口号的语言，更容易引起消费者群体的共鸣。具体举例如下：

（1）当第3代御廷兰花活力精萃，纯手工凝汇于一瓶金兰丰润乳霜，随肌肤的温度奢柔沁融，超卓金兰的新生活力源源注入……岁月望而却步，肌肤新生如兰。（法国娇兰金兰丰润乳霜）

（2）SK-Ⅱ Facial Treatment Essence， with over 90%Pitera， is easy for skin to absorb……. Want proof of crystal clear skin? Come down to SK-Ⅱ counter to measure your 5 dimensions scores and start making your skin your proof.(SK-Ⅱ Facial Treatment Essence)

例子（1）中，“岁月望而却步，肌肤新生如兰”读起来朗朗上口，便于传播；例子（2）中，“Want proof of crystal clear skin?”中以问句形式出现，犹如广告商与目标消费者的直接对话。

3. 语篇层面对比分析

Hoey（1983）将语篇模式定义为“构成语篇（部分语篇）的关系组合”。语篇模式是人们语言交际中相互遵守和期待的“语言共识”（linguistic consensus）。而理性诉求是指基于原有的事实进行逻辑推理或者是引用例子，以达到说话者与听众之间的共同立场(common ground)，从而使听众接受自己的观点的劝说策略。因此，在语篇层面，广告商主要通过对广告语篇的谋篇布局进行设计与安排以实现理性劝说策略。基于Hoey的语篇模式分类，本文发现所选英汉化妆品广告语篇主要运用“问题—解决”“提问—回答”和“概括—具体”3种语篇模式。而英文语篇主要以“概括—具体”为主，其次是“问题—解决”模式，最后是“提问—回答”模式；而中文语篇主要以“问题—解决”为主，其次是“概括—具体”模式，最后是“提问—回答”模式。这与中西方思维方式的差异相关。美国应用语言学家Kaplan（1966）发现，不同语言类型篇章模式相差很大，英语篇章模式为线性（liner），即先提供主题，然后提供论证；东方语言（包括汉语）为螺旋式（spiral），即作者不是直接提出证明自己主题的论证，而是在主题外“打转转”。具体举例如下：

（1）（问题）强烈的紫外线照射、环境气候变化、岁月压力、不良的生活习惯……带给肌肤严重的负担和伤害，并且造成基因损伤，加速肌肤老化。（解决方案）面对日益严重的肌肤问题，你需要一种快速、密集的修护方法！突破肌肤更新周期，14夜卓越体验！全新雅姿玑因14活颜精华液，以专利核心成分Ultrasome，糅合甘草根、迷迭香等7重符合修护精华，启动修护、抚平、舒缓、提亮、保湿、平滑、防卫7重修护程序，击退肌肤问题元凶，重焕紧致年轻。（雅姿玑因14活颜精华液）

（2）For a flawless natural-looking base， look no further than Laneige BB Cushion，$59.（概括）This multi-tasker has five benefits —（具体）it brightens skin，protects it against harsh UV rays with SPF 50+PA+++，cools skin fatigued from heat，evens out the skin tone，as well as provides sweatproof and long-lasting coverage……It's the perfect product for the girl on the go!(Laneige BB Cushion)

五、结　语

成功的化妆品广告语篇不仅有信息功能，而且能实现其劝说功能。本文发现在化妆品广告中科学系统地运用不同的劝说策略，都有利于取得广告策划的成功。 英汉化妆品广告语篇运用劝说策略时都以情感策略为首选，其次是理性策略，最后是人格策略，而这是由广告本身的目的与功能所决定的。不同的是英文语篇运用情感和理性策略的比例都高于中文语篇，这与西方广告商对广告功能的重视程度是相关的。而具体到英汉化妆品广告语篇的不同层面，中西方广告商对劝说策略运用也存在同与异。相同之处在于，在词汇方面，两类广告语篇都是通过对数字和科技术语的运用实现理性劝说；通过对夸张词汇的运用实现情感劝说；通过对名人或权威机构的运用实现人格劝说；在句法方面，两类广告语篇都通过对排比句、问句、祈使句等特殊句式的运用实现情感劝说策略；在语篇层面，两类广告语篇都主要采用“问题—解决”“提问—回答”和“概括—具体”语篇模式实现理性劝说功能。不同之处在于，在词汇层面，英文广告语篇对数字的运用比例高于中文广告语篇，而在科技术语的应用方面，前者使用的术语概念等较后者更加具体，这与中西方营销理念差异相关；在句法方面，英文广告语篇偏爱使用问句，而中文广告语篇偏爱使用对称句，这与英汉语言特点相关；在语篇层面，英文广告语篇偏爱使用“概括—具体”模式，而中文广告语篇偏爱使用“问题—解决”模式，这与中西方思维方式差异是相关的。本文基于亚里士多德的三大修辞劝说模式对英汉化妆品广告语篇展开对比研究进一步完善了该领域研究的不足，同时也为中西方化妆品广告商今后广告语篇的设计与创作提供了良好的借鉴意义。

参考文献

[1] 姜龙. 英汉广告语篇的逻辑语义衔接对比分析[J]. 洛阳师范学院学报，2011(1):93-95 。

[2] 林书勤. 化妆品广告语篇礼貌原则的应用研究[J]. 宜春学院学报，2012(7):101-104.

[3] 李孟君. 英汉广告语篇的主位推进模式对比研究[D]. 西安外国语大学， 2012.
[4] 李晓菲. 文体学视角下英汉食品广告对比与分析[J]. 商业文化， 2011(6)：301-302
[5] 任蕾蕾. 英汉化妆品广告语篇模式和礼貌策略对比分析[J]. 现代语文(语言研究)， 2011(2):106-107.
[6] 谭丹桂. 亚里士多德修辞学三种劝说模式在说服行为中的应用[J]. 咸宁学院学报，2009(1):65-66
[7] 温科学. 20世纪西方修辞学理论研究[M]. 北京: 中国社会科学院，2006.
[8] 邬倩. 汉英化妆品广告语篇的人际意义对比[J]. 长春工程学院学报(社会科学版)， 2011(2) :99-102
[9] 亚里士多德. 罗念生译. 修辞学[M]. 上海: 上海人民出版社，2006.
[10] 钟华丽. 中美时尚杂志化妆品广告劝说策略对比研究[D]. 桂林: 广西师范大学， 2012.
[11] Hoey，M. *On the Surface of Discourse*[M]. London : George Allen&Unwin，1983.
[12] Hoey，M. *Textual Interaction: An Introduction to Written Discourse Analysis*[M]. London & New York：Routlesge，2001.
[13] Kaplan，Cultural Thought Patterns In Intercultural Education[J].Language Learning，1966(1/2):11-25

作者简介

蔡冬漫（1993—），女，广东外语外贸大学硕士研究生，研究方向：商务英语，E-mail: 542373453@qq.com。

新文体特征下的商务电子邮件写作原则

魏吴忧

（北京第二外国语学院，北京，100024）

【摘要】“无纸化贸易”主要是通过电子邮件进行商务沟通。电子邮件的副语言特征变得越来越明显，整体结构也涌现出更多的多媒体特征。本文以语用学中的“礼貌原则”和“合作原则”为支撑，从文体学的词汇、句式、语气和篇章结构等方面，尤其是从商务电子邮件的副语言特征及多媒体性的角度，对某外企2014年航空展会客户往来英文电子邮件进行分析，具体探讨新文体特征下商务电子邮件写作的特点，并提出商务电子邮件写作应遵循礼貌原则、合作原则中“质”“量”原则，多使用简易词汇，避免使用缩略语；尽量使用被动句；充分利用虚拟语和委婉语；在谋篇布局方面注意运用副语言特征和多媒体性以提升商务英语电子邮件写作的专业度和国际商务沟通的有效性。

【关键词】电子邮件写作；文体；副语言特征；多媒体性

一、引　言

电子邮件以经济快捷、传递信息量大、用户广泛等优势，成为国内外企业进行商务沟通的首选。在互联网快速发展的大数据时代背景下，大量新颖有特色的电子邮件的出现，使一些类似于网络表情、符号等副语言特征变得越来越明显，电子邮件的整体结构也涌现出更多的多媒体特征，包括附署个性签名、企业Logo、公司网站等。这些电子邮件，除涵盖业务信息外，还可用图像、声音、视频、超链接等多媒体方式，实现高效商务沟通。因此，成功撰写英文电子邮件，不仅是自身沟通能力的体现，更可提升企业形象和国际化水平。本文在合作原则、礼貌原则的指导下，以某外企2014年航空展会客户往来134封电子邮件为数据支撑，提出商务电子邮件在词汇、句式、语态语气、篇章结构方面应注意的几点写作原则。此外，本文对互联网时代下运用商务英语电子邮件的副语言特征和多媒体性进行商务沟通的有效性进行了具体分析。

二、商务电子邮件写作的四大原则

（一）选词方面应把握“量”的原则，多用简易词汇，少用缩略语

商务英语电子邮件的写作应从选词开始。美国语言学家H·P·Grice在其作品 *Logic and Conversation*（1975）中提出了一个合作原则（cooperative principle，CP）。即每一个交谈的参与者在沟通活动中所说的话应该符合交谈的公认目的或方向。合作原则强调“量”

（Quantity）：所说的话应该包括交谈目的所需的信息、不应该包括超出需求的信息。具体到商务电子邮件的撰写中，即需注意选词的准确性。词的长短、大小、缩略与否等，都须遵守“量”的原则，准确无误地传达所有核心信息，且不产生任何技术或专业层面的歧义。

1. 使用短小的简易词汇表达主要信息

例1 I hope you are well. My colleague has passed on your email to me. Sorry for the confusion, I will be your main contact in the Exhibition. Please feel free to contact me.

例1中，展会主办方仅用33个简短词语，清楚地表达了自己的意思：（1）寒暄式的问候；（2）展会联系人有变动；（3）对人事变动带来的不便略表歉意；（4）告知客户新联系人信息。在因人事变动、场地更换、活动计划有变等影响业务顺利进行的邮件中，应特别注意选词，往往短小、意准的词最能清楚快速地阐明意思。商务沟通电子邮件应本着易懂易读的原则，避免使用陈腐的古语词和大词。如，enclosed herein (enclosed)、utilize (use)、ascertain (find out)、facilitate (help)、commencement (start)，等等，应尽量使用括号内的简单词。

2. 避免大量使用缩略词

日常交流中的缩略语，比如BTW (By the way)、pls (please)、ASAP (as soon as possible) 等，越来越广泛地运用到商务电子邮件交流中。笔者认为，除如贸易术语FOB (free on board)、B/L (bill of lading) 等已被行业人士普遍接受的专业词汇外，为确保信息传递的准确性，不产生歧义，应该减少缩略语的使用。

例2 The unit price for a 8G USB Key is approximately USD 7. The total amount is: 500 pcs x USD 7 = USD 3， 500 (incl. VAT).

例3 Thanks for your enquiry. We check and confirm to you that we have this item available in our stock. Could you advise your T/P please?

例2的缩略语使用得当，专业术语缩写如pcs (pieces) 和incl (including) 及VAT (value-added tax) 已经在行业中通用，故无伤信息传递的效果。但在例3中，T/P则给客户造成困惑，不理解其意思，使得客户不得不再次发邮件确认。这也就违反了合作原则中“量”的原则，没有将信息准确传达到交谈者。因此在涉及价格、合同款项等敏感商业信息时，应写全信息，尤其是在业务双方收到邮件后需要翻译的情况下。在此例中，T/P应直接写为target price。

（二）句式方面尽量使用被动句

合作原则同样注重“质”（Quality）。即努力确保所说的话的真实；不要说虚假的话；不要说缺乏证据的话。被动句在商务电子邮件中的大量出现，恰恰论证了“质”的重要性。被动句具备客观、真实的优点；强调“事情”而非“人”，可以削弱行动的个体针对性。被动句有时也可体现邮件的专业性及权威性。

例4 The latest exhibitor list is already added to the official website.

例5 The relevant sales representatives are made aware of this important deadlines.

例6 The quotation will have to be given upon request.

例4客观表达了展商名单的事实；而例5运用被动句成功地体现了主办方总负责人的权威性和严肃的态度；例6运用被动句明示了报价的条件。上述例句皆客观表达了寄信人的态度，确保了邮件的可信度和正式度。笔者认为在涉及合同、款项、具体时间安排等带有客观性质的信息时，应该避免使用以“I”“We”为人称的主动句。

（三）运用委婉语和虚拟语，弱化负面情绪

语用学中利奇（Leech）(1983) 的礼貌原则（Politeness Principles，PP）指出礼貌是建立和维持社会团结的行为，是人们在相对和谐氛围下社会交际的一种能力。运用电子邮件进行商务沟通时，由于无法面对面与客户进行交流，能否达到沟通目的，语气是相当重要的因素。商务英语电子邮件中经常涉及邀请、祝贺、感谢、道歉、投诉、推荐、谢绝、指责等多种语气。无论何种类型，邮件应做到自然坦诚，和气得体，避免生硬刻板。在收集的展商往来邮件中，笔者发现委婉语和虚拟语气在弱化负面情绪，提升邮件得体性方面，最为有效。

1. 运用委婉语表达“责怪、拒绝、不满”等负面信息

例7 I have been in contact with Emma regarding help with setting up our stand. She has said that because we are a raw space booth they will not supply furniture to us and have asked that we bring our own. I was under the impression that if we asked them to be our contractor then they would be able to supply these services for us?

例8 If there were to be a change then I would have to discuss with my manager and it would really affect the plans we have already started making.

例7中，参展商十分不满主办方关于展馆搭建的安排，认为主办方不应该因为参展商展台面积小而不提供应有的搭建服务。但该邮件采用带“would”和“if ”的委婉语气，降低了不满情绪。这样既阐述了态度又体现了该企业的大度形象。例8中，由于主办方更改了展会活动的时间，参展商不得不为此作出相应的工作调整。与严厉指责相反的是，邮件用2个“would”委婉表达了时间更改给其工作带来的不便，显示出对对方的尊重，语气显得谦和了许多。可见，从长远的角度考虑，商务沟通时应该尽量本着以和为贵的原则，多用委婉语，在礼貌沟通中实现持续的商业合作。

2. 运用虚拟语气表达“请求、建议、要求”等信息

例9 Should you have any questions regarding the VIP Hosted Buyer Programme， please do not hesitate to contact me.

例10 I could accept your invitation to speak at the VIP Dinner if I were to miss the annual stockholders’ meeting.

例9是展会主办方向各国参展商发出的一封邮件的结尾语，语气正式且表达了自己的真诚建议；例10中，参展商无法参加晚宴并发言，故提出更换发言人的请求，虽然传递的是消极消息，但用词之恳切并没有让收件人感到难以接受。上例表明，在商务沟通中，若多使用虚拟语气，常用I wish、as if、could、would、might、should等词，既能提升邮件正式度，又能礼

貌地表达自己的诉求，促进沟通的顺利进行。

（四）篇章结构方面多运用副语言特征和多媒体性

谋篇布局方面，笔者发现商务电子邮件写作中涌现了大量的副语言特征和多媒体特征，而这些特征，对于提高商务沟通的有效性极为有利。

1. 运用副语言特征提升邮件的清晰度和亲切度

互联网时代催生了许多鲜活的副语言特征。笔者总结起来主要为以下几类：（1）变换字体颜色及大小；（2）添加网络表情；（3）更改邮件格式和背景；（4）添加情感图片等。这些建立在文字基础上的副语言，不仅可以形象生动地传达信息，还可以体现业务双方良好的合作关系。这些变换了字体及颜色，添加了特殊符号的副语言，简单、传神、可读性强、重点突出、条理清晰，应在以后的国际化商务邮件中大为推广。

例11 Thanks for keeping me updated. I have attached my correspondence with PICO for some background for you.

例12 Furniture list， including codes from PICO list:

1 x lockable counter (PN–03) o 6 x bar stools (EC–12)

2 x tall round tables (ET–10) o 1 x coffee table (PF–11)

例13 ** The deadline for submitting your requests is 11am this Wednesday 10th September. **

例14 Dakujem， Thank you， Danke， 謝，regards， Roderick ADJEI (Project manager)

例11中俄罗斯展商在答谢主办方时使用了微笑的表情符号“☺”，亲切且幽默地表达了自己感激之情，由此可见双方和谐的业务关系；例12是主场搭建的用品清单。在以往的电子邮件中，此类信息经常是由大段文字详细描写，以免信息遗漏；然而在此封邮件中，作者运用“⏱ o（）”等特殊符号，条理清晰地将用品清单一一列出，使得整封邮件简短有序；例13中，展会负责人使用“**” 和“♉”等醒目符号并加粗字体的方法提醒参展商注意活动截止日期；例14中，俄罗斯参展商用多国语言“Dakujem， Thank you， Danke， 謝”表达了自己的感谢，更体现出该公司的国际化水平。

2. 运用电子邮件的多媒体性实现高质量的商务沟通

与传统商务信函相比，现今的英语电子邮件体现了更多的“多媒体性”。商务电子邮件的多媒体性，即在电子邮件中插入图片、音乐、视频或者以附件或者超链接的形式添加更多客户可能感兴趣的信息，以供参考。笔者在收集的邮件中发现，除了添加文档，传送图片、音乐、视频外，许多企业高层管理人员在发送邮件时，还会附上自己的个性签名以及企业的Logo或者广告宣传语，并添加超链接以供客户访问更多企业信息。

例15 Lynnor | Account Manager T: 12345678 | M: 12345678

E: lynnor@123.com |W: www.abc.com

Please consider the environment before printing this e–mail

例16 Alanna O´Grady | *International Marketing Support*

t. +12 3 456 78910 e. Alanna.OGrady@abc.co.nz | w. www.airways.co.nz

例15邮件的最尾端添加了公司的环保标识语“Please consider the environment before printing this e-mail ”和宣传图片，潜移默化地宣传了该公司的环保理念，提升了企业形象。例16为某公司国际市场部经理发往中国客户的邮件，落款附上了该公司的官方网站，收件人点击网址即可查询更多公司详情。上述多媒体特征，有效且直观地传递了客户可能感兴趣的信息，有利于潜在商务合作的实现。可见，在商务英语电子邮件的写作中，我们应多运用这些多媒体特征，在充实邮件信息的同时，提升自身的形象，以求拓展更多业务。

三、结 语

综上所述，新文体特征下的商务电子邮件写作，应遵循礼貌及“质”“量”原则，做到态度谦和、礼貌得体；使用简易词汇，避免缩略语，以求邮件的清楚性；使用和被动句以求邮件的客观性；充分利用虚拟语和委婉语，弱化负面情绪，以求邮件的得体性；在谋篇构局方面采用多样化的副语言特征，可促进良好的商务合作关系的发展；运用多媒体性，可体现时代感、宣传企业文化、给予业务双方更大的合作空间、提升商务沟通的有效性。

参考文献

[1] Crystal， D. *Language and the Internet*[M]. Cambridge: Cambridge University Press， 2001.

[2] Grice， H. P. *Syntax and Semantics*， *vol 3: Speech Acts* [C]. New York: Academic Press， 1975.

[3] Leech， N. G. *Principles of pragmatics*[M]. London and New York: Longman Group Limited， 1993.

[4] Ronald B. Adler Jeanne Marquardt Elmhorst. 商务沟通：原则与实践（第8版）[M]. 北京：北京大学出版社，2005.

[5] 胡壮麟，刘润清，李延福. 语言学教程[M]. 北京：北京大学出版社，1988.

[6] 黄国文. 电子语篇的特点[J]. 外语与外语教学，2005(12): 1–5.

[7] 何光明. 透析商务英语电子邮件写作[J]. 新东方英语，2006: 83–87.

[8] 李俊儒. 商务英语电子邮件体裁分析[J]. 外语与外语教学，2007(7): 21–25.

[9] 王志华. 企业英文电子邮件的语篇分析[J]. 文化研究，2008(4): 180–181.

[10] 吴怡，刘阿娜. 商务沟通中的委婉表达[J]. 市场贸易，2006(6): 20–21.

作者简介

魏吴忧（1991—），女，北京第二外国语学院，硕士研究生，研究方向：国际商务英语，E–mail: 1107244032@qq.com。

从语法结构分析英语中的省略现象

赵歆颖

（中国人民武装警察部队学院基础部英语教研室，河北廊坊，065000）

【摘要】在英语中，省略是节约用词、避免重复、突出关键词并使上下文紧密连接的常用的语法手段。省略指的是由于修辞上的需要，把语言结构中的某个成分省去不提，使表达更为简练、紧凑和清晰。省略还是英语衔接手段中的一个重要组成部分，可起到连接上下文并突出中心词、简化表达程序、增加语言效果的作用。省略形式多样，从单词、短语到分句，都可以省略。本文拟从语法结构角度分析英语中的省略现象。

【关键词】英语；省略；并列结构；主从结构

一、引　言

省略（ellipsis）是一种避免重复、突出关键词并使上下文紧密连接的语法手段。它指的是句子语法结构应该具备的语言成分，有时出于修辞上的需要，在句中并不出现。其特点是：虽然省去句子语法构造所需要的组成部分，但仍能使句子、语段乃至语篇表达完整的意义并发挥交流功能。省略手段的应用能使英语语篇突出信息重点，使语言表达更为简洁、清晰，从而实现用最简洁的语言单位，表达最大的信息量。语篇中被省略成分通常是可以从语境中推知的已知信息， 留下的是所要传达的新信息或重要信息。省略在语言交际中不但不会引起理解上的困难，反而会提高语言交际的效率。简言之，省略能够突出信息重点，缩小交流间隔、简化表达程序、增加语言效果。培根的《论读书》一文中很多句子都是省略句的经典典范。比如：Studies serve for delight， for ornament， and for ability. Their chief use for delight，is in privateness and retiring; for ornament， is in discourse; and for ability， is in the judgment and disposition of business. 省略使句子结构紧凑，而且句子中几个关键词语如delight、ornament、ability的意义也被突出了。但是如果把省略的部分补充完整的话 ，会使句子显得累赘、啰唆、失去其应有的味道。

二、英语语篇并列结构中的省略现象

（一）并列句中的省略现象

在并列句中，省略是最常见的语法现象。并列句中的省略首先是共同主语的省略。例如：Mary closed the door behind her and (Mary)locked it. 如果主语不同而谓语动词的操作词相同，便可省略后一个操作词，有时还可连同其他助动词一起省略。操作词的省略实际上主要指情态动词和助动词的省略。例如，A: What have you been doing? B: Swimming.

如果主语相同，主动词也相同，便可省略主语和主动词。例如，His suggestions made me happy， but (his suggestions made) Peter angry.如果主语不同，主动词及其补足成分相同，便省略主动词及其补足成分。例如，George will take the optional courses this semester and Bob might (take the optional courses this semester) too.如果主语相同，操作词与主动词及其补足成分也相同，只是状语不同，在保留操作词的同时可以省略其他相同成分。例如，Tom will go to swim tonight and (Tom) will (go to swim) again tomorrow. 在上述的例子中，句子中的一些成分包括主语、主动词、操作语和主动词的补足成分被省略了，从而使句子更加简洁、清晰。如果把这些成分补充上，句子则由于成分重复而显得累赘，那就违反了英语“节约用词”的原则。

（二）名词词组中的省略现象

两个处于并列地位的名词词组，如果中心词相同，其中一个名词词组的中心词通常可以省略，只剩下限定词和前置修饰语。例如，What is the difference between a direct question and an indirect（question）？在这个例子中，“a direct question”和“an indirect(question)”是两个处于并列地位的名词词组，且中心词“question”相同，“question”在第一个名词词组中已经出现过，所以说话人和听话人可以从语境中推知的已知信息，因此“question”可以省略。

同样，在单一名词词组的内部也可能出现省略中心词的现象。这主要见于通过省略形成两个前置修饰语共饰一个中心词的现象，即两个并列名词词组的中心词相同，而前置修饰语不同。例如，Revolution means a moral (change) as well as a material change. 如果两个并列名词词组的中心词相同，而后置修饰语不同，也可通过省略而形成两个后置修饰语共一个中心词的现象。例如，Ambition is the mother of destruction as well as (the mother) of evil.

（三）介词词组中的省略现象

两个或两个以上并列的介词词组，如果介词不同，而作为介词补足成分的名词词组相同，通常保留介词和最后一个介词词组的补足成分，其他省略。例如，A government *of* and *by* and *for* the exploiting class cannot possibly survive. 如果介词相同，而补足成分不同，通常省略第一个介词。例如，I have heard (about) and read about your adventures.

三、主从结构中的省略现象

主从结构中的省略现象较多出现在从属分句中。主句中的省略现象常见于起首部分，而且只用于非正式语体。

（一）主句中的省略现象

主句中的省略现象常见于起首部分。这种省略通常不依靠上下文，而是通过说话时的情境推断出被省略的词语，所以叫作“情境省略”（situational ellipsis）。例如：(*I*) wish you a wonderful trip home. 有时，在回答问题时，为了避免重复，整个句子可以省去，或者在yes/no之后直接用从属分句作答。例如，A: Will you go now? B: Not until I have finished my work.

（二）状语分句中的省略现象

状语分句如果出现在句尾，一般可作尾部省略。例如，You must be a member of the club since your brother is (a member of the club).如果两个并列状语分句的从属连词相同，可以省略后一分句的连词。例如，If I can find the necklace and (if) you like it，I'll let you have it.如果两个并列状语分句只是从属连词不同，其他相同，则可省略第一个状语分句而把两个从属连词连接起来。例如，He is prepared to meet her when (she likes) and where she likes.

（三）名词性 that- 分句中的省略现象

在并列复杂句中，如果that-分句从属于第二并列分句而且它的主动词及其补足成分（宾语、补语等）又与第一并列分句相同时，这种that-分句通常可以省略主动词及其补足成分。例如，Mary will sing in the party，but I know John won't (sing in the party). 在上述例子中，第二并列分句的主动词及其补足成分在第一分句均有交代，所以省略的都是已知信息，保留下来的只有新信息。这样省略，既避免了重复，又突出了重要信息。两个并列that-分句，如果主语相同而谓语不同，在没有其他状语分句的情况下，可以把第二个分句的连词和主语以及操作词一齐省略。例如：Tell him that I'll call to see him and (that I'll) have lunch with him.

（四）名词性 wh- 分句中的省略现象

如果wh-分句的谓语与主句谓语相同，wh-分句可省略全部谓语，甚至主语也可省略，只保留一个wh-词。例如，He has gone， but no one knows *where* (he has gone). “where”后面省略的部分就是前面主句所提到的“he has gone”，在非正式文体中，常常出现这种省略现象。wh-分句如系被动结构，主谓语也可全部省略，只保留一个by+wh-词。例如，The glass was broken by someone， but I wonder by whom (the glass was broken).两个并列的名词性wh-分句，如果wh-词相同而分句不同，则第二个分句的wh-词可以省略。例如，I noticed how Mary talked to them and how they answered her. 如果分句相同而wh-词不同，则可省略第一个分句而把两个wh-词连接起来。例如，I want to know *by whom* (it was ordered) and *for* whom it was ordered.

四、结　语

英语中省略形式多样，从单词、短语到分句，都可以省略。省略的结果不仅能使句子结构更加精练，而且可起到连接上下文并达到强调重要信息的作用。正确地使用省略，常给人以语言简洁、语义深刻的感觉，可以加强句子、段落之间的节奏感、平衡感和表达力度。通过对省略现象的研究分析，有助于我们更好地掌握英语中的省略现象，这对我们的英语写作、英汉翻译以及我们的英语教学都有较好的指导作用。

参考文献

[1] Halliday, M.A.K. & Hasan, B. *Cohesion in English* [M]. London: Longman, 1976.

[2] 韩君莉.英语省略现象探析[J].河南师范大学学报(哲学社会科学版), 2001(4): 127–128.

[3] 胡壮麟.语篇的衔接与连贯[M]. 上海: 上海外语教学出版社, 1994 .

[4] 王竹林.浅探英语的名词性省略[J], 湖南大学学报(社会科学版), 2003(2): 105–108.

[5] 章振邦.英语中的省略现象[J].外国语, 1983(1): 9–16.

作者简介

赵歆颖（1976—）女，工作单位：中国人民武装警察部队学院副教授，研究方向：英语语言文学，E–mail: 55729031@qq.com。

非英语专业学生使用美语高频问候语的实验语调分析

季晓蓓

（上海工程技术大学高职学院，上海，200437）

【摘要】本文基于一项关于非英语专业学生使用美语高频问候语的语音实验，结合录音语料和参考发音，进行感知实验、ToBi 标注和数据统计，从中找出中国学生使用英语问候语时语调上的偏误，最后提出口语发音建议。ToBi 标注目前已成为一种对大型语料库进行韵律标注在语言研究和言语工程中广为使用的研究手段，也是本文实验的主要分析方法。

【关键词】语音实验；问候语；ToBi 标注；语调；偏误

一、引　言

大专院校中，非英语专业学生作为中国高等教育群体，经过长期的英语学习和练习，已经具备一定的水平，在考试、阅读、写作等方面表现明显。但口语上仍存在不少问题，归其原因主要是英语实践环境的缺失和汉语的负迁移，还有交际策略、文化因素、认知和情感因素作用下害怕犯错、不敢用英文交流的心理。笔者认识到周围学生在用英语问候别人时发音语调上存在一些问题。该论文旨在通过语音实验找出其中的常见问题，提供真实有效的分析统计和针对性的发音建议，为英语学习者和研究者提供参考。

二、 实验说明

下面从三个部分说明该实验：录音实验，感知实验和分析方法。

（一）录音实验

实验对象：10位非英语专业学生，6位女同学，4位男同学；5位来自北方方言区，5位来自为吴方言区。语料选取：录音实验从美国当代英语语料库（COCA）中选出使用频率最高的日常问候语：Hi， Mary!; Good morning!; How are you?; What’s new， guys?; Nice to meet you. 参考发音来源是VOA教学栏目“流行美语”主持人Larry和两位英语口语外教Ben和Marlie，所属区域为华盛顿和纽约。分析这些语料的目的在于对比美国本土标准化发音，发现周围中国学生用英文问候时的语调规律和偏误，进一步提出发音语调调整建议。场景设置: 受情绪和态度影响，说话人往往会持不同情感语调。该实验设置的场景为朋友间的正常问候，不含刻意的情感色彩。

（二）感知实验

录音完成后，由五位美国人对每句话打分，分为1到5分五个等级：5分，语调地道，表达流利，停顿、重音、升降调等自然准确，发音标准；4分，语音语调准确，表达流利，停顿、重音、升降调无明显错误；3分，表达顺畅，有较少停顿、重音、升降调不当的问题，发音清晰；2分，语调不自然，存在重音、停顿、升降调不适当的问题，发音不准确；1分，语调生硬，升降调、停顿、重音有明显错误，发音不准确，表达不清楚。取平均分后（为方便统计，数字四舍五入），最后结果如下：从以上表格统计可知，五句话的平均分分别是：4.1，4.1，3，7，3，6，4.0，两个问句的打分低于其他几句；女生的平均分为4.1，男生的平均分是3.6，女生发音好于男生。感知实验的五位打分人员对录音做了总体评价并提出了建议，他们认为中国学生发音时读音清晰，表达基本流畅，存在的问题是有的重音部分不是表达信息的重点，无必要强调；过于关注每个词读音和意群，造成语调不连贯，停顿不适当，说话时间过长；句子语调的高低把握不好，说话随意，有较多的中文语调的痕迹。

（三）分析方法

对大型语料库进行韵律标注目前已成为一种在语言研究和言语工程中广为使用的研究手段（杨军，2005）。经过韵律标注的语料库被用来研发言语识别和言语合成系统，研究朗读或自发言语中的语调分布，以及不同言语风格、语域、或不同语言及语言变体之间的语调差别等（Herman & McGory，2002）。目前，韵律标注较为流行的标准体系是ToBI（Tones and Break Indices）。ToBI韵律标注体系对英语语调的自主音段-节律分析是ToBI的理论源头，其标注目标包括:（1）韵律结构（重读和非重读的单词之间相互交替所形成的节律，和不同大小的韵律单位）；（2）语调模式（音高重音、短语重音和边界调等具有概念区别性的音高事件的序列）。ToBI标注体系主要分四层（tiers），即语调层、间隔指数层、杂类层和拼写层，视研究目的还可相应增加其他标注层。其中，Ladd（1983）使用“短语调”（phrase tone）来代替短语重音。ToBI边界音调和音高重音如下：边界音调：L-; H-; %H; L-L%; L-H%; H-H%; H-L%；音高重音：L*; H*; L+H*;L*+H; H+!H*;!H*; H* !H*-L%; H* !H* L-L%; L*+H L*+!H L*+!H。

三、语料分析

对比参考发音和10位同学的录音分别ToBi标注，找出语调的异同，进行偏误分析。以下分析中，10位同学分别标为A、B、C、D、E、F、G、H、I、J（A-F为女同学，G-J为男同学），参考发音人用其名字表示。对比参考发音，学生的发音存在以下特点：

1. 音节重读频繁，偏向高声调地强调动词和称呼语。参考发音的重音分别落在you、hi 和Mary上，前两者为高声调，后两者为低声调，发音人A、B、C重音落在了how、are、Mary、hi上，动词are和称呼语Mary为高声调重读，hi为低声调重读。分析10位同学所有录音总结出：

8位同学的录音中出现动词are或meet高声调重读，6位同学的录音中对Mary高声调重读，8位高声调重读了称呼语guys。

2. 疑问句结尾音调不自然，结尾时间过长。五个例句中，有两个疑问句：How are you? 和 What's new，guys? 第一句：10位同学中4位以L–L% 低调结尾，4位以H–L% 降调结尾，2位以L–H% 升调结尾。在收尾时，音调变化快，有些生硬，时间拖得较长，听上去冗长不利落。第二句：4位同学以明显的降调H–L%结尾，3位为低平调L–L%，3位为升调L–H%。而参考发音均以明显的升调L–H%结尾。

3. 停顿时多为降调，停顿时间过长。标注的10位学生时发现遇到人名，称呼语时停顿时间偏长，而参考发音语流连贯，停顿时间适中。这样的问题同样出现在复合句从句部分的朗读中，如that引导的宾语从句，which引导的定语从句。

4. 连读和省音现象少。参考发音中，Good morning一句有明显的省音现象，/d/均为读出，但10同学录音中，只有3人在此处省音，其他都清晰地读出了/d/，对语调的连续性造成一定的影响。在Nice to meet you一句中，参考录音有连读现象/mi'tju/，中国学生录音中却没有出现。

5.发音受到地域方言影响。来自北方方言区的同学的录音中降调较多，重读明显，发音力度大；来自吴方言区同学录音中平调和声调较多，发音柔和。录音同学中，B、C、F、G、I来自北方方言区，A、D、E、H、J来自吴方言区。所有录音中，前组同学的句末降调出现12次，低平调7次，升调6次。后组同学录音中句末部分降调出现7次，低平调10次，升调8次。

四、结论探讨

基于上述分析，本文发现非英语专业学生美语高频问候语的语调偏误有以下几点：（1）偏向高声调地强调动词和称呼语音节，重读过多；（2）特殊疑问句结尾音调不自然，降调居多，缺少变化；（3）停顿不适当，多为降调且时间过长；（4）缺少必要的连读和省音，语调不连贯。

此外，对比男女生发音发现女生音调和重音变化丰富，音调总体偏高；男生音调和重音变化较少，总体平稳；受地域方言影响，北方方言区同学的录音中降调较多，重读明显，发音力度大；吴方言区同学录音中平调和升调较多，发音柔和。

五、发音建议

对于问候语发音的调整，笔者建议要在学生学习与教学两个层次上结合进行：自身应努力创造英语环境，在真实自然的场景中习得英语，可以通过外教课堂，美剧电影，英文访谈，情景模仿等途径；为了避免学习者从不全面或有歧义的信息中得出错误的结论，教师应该提供真实正确的目标作为参考和实践的方向，引导语调的强化练习。

参考文献

[1] Herman,R. & J. T. McGory. The conceptual similarity of intonational tones and its effectson intertranscriber reliability [J]. Language and Speech, 2002(1):1–36.

[2] Ladd, D. R. Phonological features of intonational peaks [J]. Language, 1983(5):721–759.

[3] 吴晓如，等. 基于韵律特征和语法信息的韵律边界检测模[J]. 中文信息学报, 2003 (5): 48–54.

[4] 王颖. 中国学生英语口语错误分析[J]. 陕西师范大学学报(哲学社会科学版), 2006 (5): 390–394.

[5] 杨军. ToBi韵律标注体系及运用 [J]. 现代外语,2005 (4): 360– 366.

作者简介

季晓蓓（1989— ），女，上海工程技术大学高职学院教师，硕士，研究方向：语言学与应用语言学、外语教学理论与实践，E-mail：jixiaobeisun@163.com。

艺术设计类专业学生大学英语线上课程思政研究与探索

李　媛　严绍阳　刘壮丽

（北京工业大学文法学部外国语学院，北京，100124）

【摘要】面对特殊情况，教师和学生需要居家上线上课程，这样的巨大变化，给我们带来了新的挑战和机遇，让我们重新思考我们的课程目标和教师的角色定位，大学英语教学中课程思政的重要性，以及今后的研究和发展方向。针对艺术设计类专业学生英语教学难，根据学生的特点，通过各种素材的积累和补充，以及线上课程各种工具的运用，如何提高学生学习英语的兴趣和动力，适应学生的专业特点，在教学中自然的融入课程思政内容，实现多元化的教学目标，真正做到教书育人。本文把作者学习到和了解到的知识和信息，与自己的教学实践相结合，做了针对艺术设计类专业学生大学英语课程思政研究与探索，提出了一些思考和建议。

【关键词】艺术设计类专业；大学英语；教学；课程思政

一、新形势下的教育变局

1. 目前形势

2020年春季学期，因特殊原因导致学生无法返校，线下授课无法开展。师生双方从生活方式到教学、学习方式都面临着巨大变化。

在学习中教师面对的是线上教学提出的新课题，学生则可能出现无法适应线上教学的情况，学习表现或心理健康出现问题；在生活中，我们遭遇着困难和不便……以上种种都冲击着我们的世界观、人生观和价值观。

教育从业者在新形势下不断反思：我们应该如何做教育，如何做老师；学生需要什么，应该学习什么；如何在教学中培养学生们家国情怀，爱国热情；如何帮助学生成为有信念，有热情，有方法，心理健康，具备耐挫能力的人；如何帮助学生规划人生，获得幸福。这是我们要和学生们一起学习和研究的生命大课题。

顺应新的形势，我们教授的大学英语课程在本学期线上课程的教学中积极响应国家的教育思路，深度挖掘课程内容，把思政元素自然的融入教学过程。

2. 教学形势

这一学期的线上教学实践给我们带来了教学思路的变革，探究了课程的再定义、学习的再定义以及教学的再定义。其中，课程更趋向于探究性的实践，有网络资源和智能环境的支撑；学习更注重交往与反思，课内交往是必须的，不可替代；教学更趋向于协导性学习，IT技术既是学生的渔，也是老师的渔。

3. 未来大学英语教学的发展趋势

恢复线下教学后，线上课程的优势也不能丢掉，可以实行混合式教学。以保留线上教学的优势，例如：统一标准下的充分可选性（课程可选、内容可选）；学习方式的多样性和自主性（自定步调、时间、场所）；基于问题的个性化援学（及时、透明的学习交互）；学习轨迹与绩效的完整评价（形成性、终极性评估 ）。对于那些自主性很强，学习习惯好，的学生，线上教学给予他们更广阔的学习空间。对于自律性不好的，学习效果差的部分学生，教学和线下相结合效果较好，混合型教学有利于避免学习效果两极化的情况发生。

二、艺术设计类专业学生大学英语课程思政实践

1. 艺术设计类专业学生英语学习特点

艺术设计类专业的学生英语基础相对薄弱，学习英语的动力不足。但英语教材与大学其他专业学生同步，内容和难度上都不适应。

艺术设计的专业教育强调原创性、强调表达和情绪的抒发，学生个性和特点的表现相对更为强烈，更加自我和情绪化。

鉴于此，帮助学生树立正确的人生观、世界观和价值观尤为重要，在课程中教师要引导学生珍惜自己，保持心理健康，坚定理想，树立目标，忠于信念。也更要重视通过语言文化的教学，建立学生的文化自信和爱国情怀。

2. 大学英语教学实践中的课程思政应用

巨大的变化往往蕴含着巨大的机遇，我们可以跳出教材的过多限制，从教学内容上做更多的延伸和拓展，可以选择更多艺术设计类相关的语言补充材料，更加贴合专业内容，打开学生的国际视野，从而提升学生的学习语言的动力；教学设计上设置不同难度梯度的环节，以适应不同程度的学生；形式上增加视听素材，以多样化的输入输出方式，增加趣味性，提高学生学习英语的兴趣；更为关键的是，可以在授课过程中自然地融入思政元素，实现多元

化的教学目标。

在课程实践中，从以下几个方面切入：第一步，课前预习。课前发布学习任务，指导学生捋顺精读文章内容，找出自己不熟悉的词汇，建立自己的英语词汇手册，任务增加了学生们的学习自主性，并帮助教师了解适合学生水平的重点词汇和语言点，教学更有的放矢。课文相关的词汇表和原音朗读音频提前下发，布置为预习内容，要求学生听读朗读词汇并录制为音频文件作为预习作业提交。学生经过自主预习，上课效率大大提高，并且掌握了正确的学习方法和策略。

在思政方面，教师结合课文的内容背景和词汇，给学生提供相关新闻时政内容，引发学生思考。结合教材unit2 "What college brings us?(大学带给我们什么)" 的课程内容，教师在课前给学生布置思考题，"What is your term plan?(你的学期计划是什么？)"，并将问题拆分为"如果想要实现你的学期计划和目标，你需要做到什么？怎么做到？"等方面，要求学生建立自己的详尽的学期计划。期末时，教师将计划返回给学生，学生根据一学期的完成情况做出对照和总结。这种教学设计将教学延伸至课外，不仅传授知识，也是一次让学生更加了解自己，找寻人生进步的方法、目标和策略的探索之旅。unit5 "The students'dilemma" 一课的主题是关于大学生消费观的讨论，教师选择了中华优秀传统文化中有关"黜者崇俭，勤俭节约"的名言警句，包括《论语》和《诫子书》中的内容，让学生在中英文对照和大声诵读中体会中英文表达的不同，体会中文的精炼之美，体会中英文文化和思维方式的不同，这样的教学设计不仅增强学生的民族自豪感和自信心，也增加了他们对两种文化的互通和了解。

第二步，课程中的学习。由于课前学习任务非常明确，学生充分发挥了自主性。所以在课程当中的讲解做到了更加有的放矢，同时增强了时政性和思想性，强调育人。在引入环节，教师收集TED演讲材料、中国日报英文版、CNN新闻等时政新闻材料，鼓励学生自主挖掘材料，以小组讨论、汇报、实时点评等等方式来进行输出训练，提高了学习效率，拓展训练了思维。比如，在学习unit2 "What college brings us(大学带给我们什么？)" 时，教师在三次课文精讲中，补充了比尔·盖茨哈佛毕业典礼上的演讲，The secrets of learning a new language，Why we should read more?等三篇材料，帮学生了解成功人士对大学生活的感悟，学习多语言学习者是如何掌握一门新语言的，分享阅读的重要性。学生的学习趣味性得到增强，又在阅读中受到潜移默化的启迪。

第三步，课后的总结。以作文、翻译、对单元主题的梳理，制作视频或创立迷你课堂等形式对课程的学习做反思或升华。例如unit 6 "When enough is enough（主题关于选择，知足常乐）"，可以引导学生建立正确的人生观，世界观和价值观，教学分四次课。课前布置问卷调查，让学生梳理在自己的人生中曾做出了哪些重要的、成功的、困难的，或者后悔的决定，反思一下为什么。课中补充了TED演讲两篇 "how to make hard choices?" 和 "how to make a choice easily?"，分享给学生科学做出选择的方法；课后组织学生翻译令人感动的"山川异域，风月同天"这句诗。学生完成训练的同时和国家也有了同感和共情。课外分享哈佛大学幸福课的内容《逆境还是机遇》，让学生了解遭遇逆境的心态和应对方法。又组织学生以梦想等为主题进行诗歌创作，学生们为自己的诗歌作品朗诵、配图、配背景音乐，最终形成了视频形式的成品，展示出艺术设计类学生的专业优势和优秀品质。

综上所述，教学的各个阶段形成一个输出和输入的闭环，同时兼顾教书与育人，引导学生树立正确的人生观、价值观和世界观，与我们的祖国同呼吸、共命运，拥有自己的人生目标、规划和信念。

三、结 语

总结教学经验，我们总结出几条实现大学英语课程思政的方法和建议。

首先，从我们的教学目标来说，应当实现从中国走向世界转变成让世界走向中国。国家处于彰显大国实力和中华的优秀文化传统的阶段，我们要竭尽全力把世界的目光吸引过来，改变我们在国际上的地位。在教学中应引领学生增强民族意识、国家意识、民族自豪感以及自强独立的精神。

其次，从教学理念来说，我们要带领学生走向知识，也就是培养学生们的实践精神，以实践的方式来获得知识。learning by doing是非常有效的学习方法。

再次，教学中要突出专业特色和教师个人特长。我们教学面向的是艺术设计类专业的学生，教学中应注意结合艺术设计类的专业知识，激发学生兴趣。还要注意强化课程个性，根据学生的兴趣点和需求，将翻译，写作和语音实践融入教学中，让学生感受到中西方文化的魅力。从教师个人特长方面来说，本门课程的任课教师擅长心理学，在教学法方面也有心得，善加利用，对教学会产生良性效益。

有国才有家，有生才有机，围绕着国家的需求，人才的培养，因生而异，因势而变，认真的践行和思考外语课程思政建设的目标，才能够培养出真正德才兼备的人才。这一目标需要我们全体教师的共同努力。

参考文献

[1] 杨鲁新. 外语教学中的课程思政：理念与实践 [G/OL]. 外研社U讲堂, [2020-03-16]. http://ucourse.unipus.cn/course/2920.

[2] 田朝霞. 从外语教学到外语教育——几门英语课程的思政育人探索 [G/OL]. 外研社U讲堂, [2020-03-23]. http://ucourse.unipus.cn/course/2922.

[3] 廖华英. 基于“网络+课堂+实践”三位一体的外语类课程思政创新模式探索. [G/OL]. 外研社U讲堂, [2020-03-30]. http://ucourse.unipus.cn/course/2923.

[4] 吴鹏. 基于课程思政理念的 “一体两翼式” 大学英语教学模式探索与实践. [G/OL]. 外研社U讲堂, [2020-04-07]. http://ucourse.unipus.cn/course/2921.

作者简介

李媛（1976—），女，北京工业大学文法学部外语学院讲师，硕士，研究方向：应用语言学，E-mail：liannelee@163.com。

严绍阳（1979—），男，北京工业大学文法学部外语学院讲师，硕士，研究方向：应用语言学，E-mail：billyan2002@163.com。

刘壮丽（1968—），女，北京工业大学外语学院副教授，研究方向：大学英语教学和翻译实践，E-mail：1415222154@qq.com。

教师发挥课程思政主体作用的核心要素和实施策略

姜白云

（北京联合大学，北京，100101）

【摘要】立德树人是高校教育的中心任务和根本目标。课程思政的提出为立德树人提供了一种新理念和新模式。教师是课程思政建设的关键。本文从增强教师育德意识和育德能力出发，详细分析了教师发挥课程思政主体作用的核心要素和实施策略。

【关键词】立德树人；课程思政；主体作用；核心要素；实施策略

一、引　言

党的十八大报告首次提出把立德树人作为教育的根本任务。所谓课程思政就是除高校原有的思想政治理论课以外，所有的专业课程在传播专业知识的同时，都需融入和强调价值的导向作用，都要发挥思想政治教育的作用，都需把立德树人作为课程的根本任务。

二、教师发挥课程思政主体作用的核心要素

课程思政建设的关键在教师。教师是教书育人实施的主体，也是课堂教学的第一责任人。课程思政建设要靠教师去落实。课程思政建设不仅要求教师能够传授专业知识的“业”，还要能传递共产主义社会主义的“道”，还要能解答学生在人生路途中遇到的“惑”。这就要求教师要具备深厚的育德意识和育德能力。

专业课程教师能否发挥课程思政中的主体作用关系到课程思政建设是否能顺利进行。发挥教师的课程思政的主体作用需要教师深刻理解和明晰课程思政的核心要素。

1. 深刻理解立德树人的内涵

教师首先要深刻理解教育的目的和任务：立德树人。立的是什么德，树的是什么样的人。

“立德”之“德”包含“大德，公德，私德”，再具体化就是共产主义理想信念，社会主义核心价值观，爱祖国，爱人民的爱国主义情怀，个人品德修养，集体意识，法制和规则意识，责任担当，知行合一和广博的人文情怀。

“树人”之“人”指的是：德智体美劳全面发展的社会主义建设者和接班人。“人”首先要具备的是“立德”之“德”；其次是拥有身体健康和心理健康，对真善美有深刻理解和

执着追求者，也是劳动的热爱者；同时他还应具备这个时代所要求的全球观念，生态意识，探索和批判的勇气，有创新的精神，有实践的能力。

2. 深刻理解新时代人全面发展的必要性

我们所在的时代是社会、经济、文化，尤其是科技前所未有加速发展的一个新时代。科学的分支越来越多，越来越细。大学所设置的课程也越来越细化，越来越专业化。这意味着虽然整个人类对世界的认知扩展巨大，而个人对世界的认知却是越来越狭窄。高度发达的专业化进程使人在某一个领域虽是巨人，在其他领域却变成了残废。此外，这还降低了人的社会适应能力及对事物进行客观公正评价的能力（张曙光，2019），甚至会催生例如吴谢宇、林森浩这类掌握了高端技术却更加可能危害社会的人。高度发达的专业化确实在一定程度上阻碍了人的全面发展。高校所开设的思政课程虽然在一定程度上有所弥补，但在力度时间上都是不够的。而学生在本科和研究生阶段却有大量的时间和其他课程的教师或导师沟通交流。每个课程教师都有机会也有责任立德树人，做一个灵魂的引导者。课程思政的提出为新时代人的全面发展指明了一个方向，开辟了一个新的途径。

三、教师发挥课程思政主体作用的实施策略

思想教育是情感、态度和价值观的教育，是对灵魂的引领和塑造，是体现人文的情怀和人性的光辉。因此不能进行生硬的灌输。这要求教师对课程思政的内在机制进行深入的分析和探索，掌握具体可行的、符合教育教学规律的实施策略。

1. 遵循客观规律，潜移默化

党的十七大、十八大也都强调了思想政治教育要加强人文关怀和心理疏导。在专业课程的课堂上，教师在揭示某领域内的客观规律的同时更需要遵循教与学的客观规律，尊重人发展的心理认知规律。任何违背客观规律的行为都会导致教学任务的失败，甚至会起到反向的作用。

规律是客观存在的，但对规律的认识和理解是主观的，是随个体教师变化而变化的。做到对规律的尊重遵循需要教师认真学习，深刻理解，提高自身的理论水平和品德修养。教育者要先受教育。规律要转化成具体可执行的操作模式，更需教师努力探索，深入实践，真正做到花大力气，下真功夫。

在专业课程的课堂上，不同领域的客观规律同时呈现，相互碰撞，也彼此印证。思政的切入应当自然，切忌生硬。思政元素应该是承载于专业知识体系之内的，以专业知识为依托的，随“机”融入，因“材”施教，因“人”而异，因“场”而变（朱广琴，2019）。思政元素融入专业课程应该像春雨一样“随风潜入夜，润物细无声”，是一个长期的循序渐进、潜移默化的过程。

2. 建构亲和的师生关系

“00后”高校学生具有新时代的所赋予的特点。他们知识面宽广，对话语权要求高，对个性化要求高。只有根据学生特点，建立亲和的师生关系才有可能让学生积极地跟随教师的价值引领。亲和的师生关系是指老师自身具有高亲和力与高感染力的人格特点，学生愿意亲近教师，愿意跟随教师在各个方面的引导。

建立亲和的师生关系，教师要建立“围绕学生，关照学生，服务学生”的基本指导原则。立德树人，学生的全面发展是关系到中华民族复兴大业的大事，是所有教师工作的出发点和目标指向，也是为人民服务的具体化体现。其次，教师要有了解、接纳、包容的态度。了解学生的个人日常生活和学习，了解他们的过往的经历和当前的人生困惑，真正触及他们认知和实践的根源，接纳学生在成长过程中显现的弱点和不成熟，包容学生在成长过程中不断地犯各种各样的错误。教师要遵循人发展的客观规律，采取理解、鼓励、赞赏的教育策略，运用活泼的、富有时代感、接地气的、学生喜闻乐见的教学方法。

3. 结合专业课程特点

不同的课程特点不一样，开展课程思政的侧重点也就不一样。理工课程立足于客观事物的自然规律和运行机制。教师可以因势利导，引导鼓励学生对“真”的追求。文科课程本身就带有一定的社会主义意识形态色彩，应在课程思政中进一步深化。但在一些涉及西方理论和文化的课程中如大学英语，教师则不能只从文章原角度讲授，而要引导学生多角度思考，凸显社会主义核心价值观。在大学英语的教材中，课文皆节选自英文原文，文字优美凝练。但是传递的是西方文化中成长的原作者的价值观念、人生观和思维方式。其中甚至隐藏了不易察觉的错误与偏见，或混淆了基本概念，或者故意节选或删除了部分信息。教师在思政过程中应带领学生批判地阅读文章，分析原文中的错误、疏漏、偏见，补充原文中漏过的重要信息。教师一定要坚定马克思主义的立场，坚持中国特色社会主义的道路自信、理论自信、制度自信和文化自信。

4. 融合信息技术与课程思政，推进教学手段更新

在课程思政的过程中，教师可以利用已搭建的专业课MOOC、SPOC、线上线下混合式教学的网络平台上传课程思政的学习资源。例如：录制上传思政小微视频，建立主题视频资料库，建立微信公众号，随时推送社会热点问题和生活实践，利用微信群展开课下讨论。信息技术恰当融入课程思政，弥补了课堂时间有限的缺憾，打破了传统课堂时间与空间的限制。学生有更多的自主权来选择学习的时间和地点及学习的材料。信息输入的方式途径也更丰富高效。借助于信息技术环境，通过社会学习、可视化学习、移动学习、游戏学习、讲授学习等，思想政治领域的抽象理论可以变得更加具体化、形象化、生活化，从而增强学生对思想政治理论的感性体验。学生主动性和体验感的增强也将使思政教育越来越远离被动“塑造”，被动“灌输”旧模式，越来越呈现出自我反思，自我构建的新模式（程宏燕、李忆辛，2019）。

四、结　语

立德树人是高校教育的中心任务和根本目标。所有的专业课程都要深入挖掘学科中所蕴含的思想政治资源。所有的教师都担负着培养，德才兼备、全面发展的中国特色社会主义合格建设者和可靠接班人的使命，都要发挥课程思政的主体作用。课程教师自己要先明道、信道，提高自身的思想政治教育能力和素养，才能实现知识传授与价值引领的统一，才能在言传身教中实现立德树人。

参考文献

[1] 程宏燕，李忆辛.信息技术与思想政治理论课教学的深度融合[J]. 长江大学学报（社会科学版），2019(7): 97–101

[2] 张曙光. 从“成才”走向“成人”：新时代我国大学教育理念的转向[J]. 湖南师范大学教育科学学报, 2019(11): 117–124

[3] 朱广琴. 关于立德树人的“课程思政”教学要素及机制探析[J]. 南京理工大学学报（社会科学版），2019(12): 84–87

作者简介

姜白云（1973—），女，北京联合大学讲师，学士，研究方向：英美文学，E–mail: Baiyun@buu.edu.cn。

“课程思政”视角下大学英语翻译教学实践探究——以翻译归化与异化为例

刘　芳　邹丽玲

（北京工业大学，北京，100124）

【摘要】大学英语是国内高校中最为广泛开设的基础必修课程，是“课程思政”的重要核心阵地。英语教师不仅承担了语言教学、语言能力培养等责任，更是肩负起了介绍西方文化、传播中华文化的艰巨任务。翻译本身就是一种跨文化交际活动，它的目的是将带有文化及相应背景信息的语言以另一种语言为载体进行传递和转达。如何在翻译教学中体现课程思政的元素，做到知识、精神双育人就成为我们需要深刻思考的重要议题。本文通过在翻译“归化”和“异化”知识点教学中的思政实践，探索大学英语翻译和“课程思政”紧密融合的方法。

【关键词】课程思政；大学英语；翻译教学

一、课题研究背景

大学英语教师不仅是语言文化的传播者，更是承担了培养具有民族自豪感、自信心、国家认同感的大学生的重要任务。

英语作为语言，是可以通过训练、学习进而熟悉、掌握并灵活应用的。语言学习优秀者比比皆是，更不缺乏能力卓越的跨文化交际人才。但是语言并不是单纯地通过文字和语音进行沟通、传递信息的载体，从根本上它涵盖了本土文化的信息和要素。中国文化的传播就是在翻译的基础上进行的。在语言学习的各环节中，翻译教学本身就是一种非常重要的跨文化交际活动，也是一个非常重要的国际沟通手段和方式（任莺，2016）。因此，在翻译教学过程中恰到好处地融入“课程思政”元素，让学生在提高翻译能力与水平的同时能够受到文化的熏陶、在精神育人领域更加深入是我们要着重思考的问题。通过语言的学习，培养具备理性思考能力，有气节、有信仰的中华文化的继承者和传播者是大英教师最为重要的责任。

二、翻译教学与“课程思政”融合的实践探究

1. 翻译教学与“课程思政”融合的必然性

翻译是非常重要的语言文化交际活动，也是学生亟待提高的能力领域。四六级的翻

译题目涵盖了中国传统文化、政治、经济、历史等方面，这就要求学生在日常的学习及备考的过程中不断积累相关的词汇和表达。在四六级的反拨作用下，使得翻译教学中文化的渗透和熏陶成为必须，也为“课程思政”的融入提供了良好的契机，并做好了充分的铺垫。在翻译课堂教学中，学生不仅能够学到翻译的基本方法、技能，而且能够在文化要素信息的翻译过程中体会文化、感受文化，成为中华传统文化的继承者和具备翻译能力的传播者。

2. 翻译教学中“课程思政”的实践探究

在翻译领域，普遍存在着两种截然相反的观点——翻译“归化”和翻译“异化”。两种方式从不同的角度出发：“归化”的站位是要以语言的原文或原作者为中心，而“异化”是要以目的语或最终听众为中心进行语言的转换和信息的传递。两者有着各自的优势与缺陷。“异化”翻译充满了异域特色和气息，对外国人来说充满了新鲜感、令人禁不住探究其含义。而“归化”翻译尽可能避免了歧义和误会的产生（徐代，2018）。尤其是在翻译文化负载词的过程中，文化差异是普遍存在、不可避免的冲突与差异。面对上述问题，教师在教学中通常会以词语背后的文化背景信息为切入点，引导学生通过思考、斟酌、对比翻译“归化”与翻译“异化”的不同表达，最终选用最符合实际情境需要的表达方式。在翻译的过程中，让学生充分理解和体会不同的文化，提高学生对于本土文化的认同感、增强民族自豪感和自信心。

下面，我们通过具体实例来探究如何在翻译课程教学中融入“思政”元素。

（1）中国“龙”与西方“dragon”

中国龙和西方龙的碰撞是非常经典的翻译对比实例。在中国人的眼中，中国龙是中华民族的图腾，从各个角度来看，它都是一个非常好的词汇。中国龙通常与吉祥、幸运、皇家贵族相关。有许多与龙相关的中国词语和表达，无一不承载着美好的愿望和殷切的希望，例如：龙凤呈祥、藏龙卧虎、龙马精神等。我们自称是“龙的传人”，更是有很多的家长愿意以龙字为自己的孩子取名字，以图未来可期、望子成龙之意。而在西方人的眼中，“dragon”通常是一种邪恶的象征。他们认为龙是一种可以摧毁一切的凶猛的怪兽，令人恐惧、望而生畏。而西方的表达中，更有“Everyone has a dragon to slay.”这句励志格言，常被大人用于鼓励孩子们坚持努力、克服困难。

由此，我们可以看出龙在不同的文化中所承载的信息是截然不同的，他们的形象也是完全不同的。西方的“dragon”被认为是威胁人类和平的恶魔，而中国的“龙”则是守护一方水土、有祥瑞之兆的祥物。在翻译的时候，如果非常简单地以“dragon”一词来传达“中国龙”的意思，就显得不够准确。因此会让西方人误解我们作为华夏子孙、龙的传人的本意。因此，在翻译时如果用“Chinese dragon”或者“loong”都是可以接受的。

在课堂的教学中，同学们通过调查了解“龙”和“dragon”背后的文化信息，理解了龙所蕴含的中国传统文化，让学生知道了华夏儿女“龙的传人”所要向世人传达的信息。只有深刻理解了本国的语言文化，才能够准确地向世界传达中国的声音，维护营造好中国的文明有礼的大国形象。

（2）中国“君子”与西方“gentleman”

在中西方文化的碰撞中，有些词汇在西方没有任何附加的文化含义，而在中国人的视角下增添了不少人文及精神层次的含义。例如：“梅兰竹菊”在中国被称为四君子，而在西方国家，它们只不过是几种植物而已。那么，我们在中西方文化交流时应当怎么去翻译，向他们解释这几种植物所被赋予的精神含义呢？在翻译的过程中，困扰着我们的应当是“君子”的选词。在中国人眼中，君子是品行高洁、坦荡待人的，更注重的是人的精神层面和道德层面。在英语中，我们经常会提到“gentleman”，而学生们也经常会用这个词来翻译“君子”。“gentleman”一词指的是举止有礼、有身份、有地位的男士。经过对比，我们很容易发现二者的区别。那么，如果选用“gentleman”来对应“君子”就显得有些浅薄，无法传递本身所蕴含的精神层面的含义。所以，在翻译“君子”时，我们就可以选用“man of virtue”，也可以选用“junzi”加上简单的释义来处理。在“归化”与“异化”的翻译对比过程中，我们既引导了学生对于两个词汇所承载的含义进行挖掘和思考，又帮助他们理解了翻译过程中最引人寻味的推敲。

在翻译教学中，翻译归化与异化的对比讲解是“课程思政”元素能够进行深度挖掘和融合的很好契机。抓住一些典型的文化负载词，鼓励学生探究其背后蕴藏的深刻人文及文化信息，探究性学习的过程即是“思政”融入的时刻。

三、结　语

在当前错综复杂的国际形势下，我们作为教育工作者必须牢牢把握住课堂，润物细无声地将我们要传达的能量、信息、文化和课堂知识巧妙融合到一起，让学生以最为自然的状态接收并有所收获。

参考文献

［1］黄佰宏. “课程思政”视域下的大学英语教学改革与实践——以浙江理工大学为例[J].浙江理工大学学报（社会科学版），2020（44）:1-7

［2］任莺. 以文化教学法提高学生跨文化翻译能力[J]. 丽水学院学报，2016(4): 99-103.

［3］徐代. 跨文化翻译中的异化与归化分析[J]. 海外英语，2018(12):163-164.

作者简介

刘芳（1983—），女，北京工业大学文法学部外语学院讲师，硕士，研究方向：英语语言文学、应用语言学，E-mail：315796041@qq.com。

邹丽玲（1982—），女，北京工业大学文法学部外语学院副教授，博士，研究方向：英语教学，E-mail：ring5227970@126.com。

微时代大学英语课程“微思政”理念的构建探析

孙丽丽　邹丽玲

（北京工业大学，北京，100124）

【摘要】构建“三全育人”的大格局，高校的各门各类课程要与思想政治理论课同向同行，形成协同效应。大学英语课程，在高速发展的微时代，利用微媒体优势，构建课程“微思政”理念，探索有效路径，实现教学与思政的深度融合，发挥大学英语课程“育人”的隐性功能，切实提升大学英语学科教学效果和质量。

【关键词】微时代；微思政；大学英语

一、引　言

微时代，以微信、微博、微视频、微电影等为代表的众多微软件及微平台，以其传递信息快速便捷且资源丰富多元的特质，满足了大学生对多元化知识获取的需求，吸引了大学生的主动关注并被大规模应用。在当前“三全育人”的大格局下，大学英语课程，研究探索有效路径，利用微媒体优势，巧妙地设计把思政元素融入教学过程，在完成培养学生语言能力和文化素养目标的同时，充分发挥课程的人文性，构建“微思政”理念，在跨文化和价值观层面给以适时适量的引导，是切实履行立德树人责任，提升大学英语学科教学效果和质量的重要课题。

二、微时代的发展与大学英语教学的“微思政”

1. 大学英语教学中的“微思政”

大学英语课程，作为高等学校受众最为广泛的人文教育通识课程之一，兼有工具性和人文性双重性质(张巨武，2020）。教授学生听、说、读、写等基本知识技能，打好语言基础，使其能在对外交流和学习中应用，是大学英语课程工具性质的体现，也是英语教学的显性目标；而基于其工具属性，利用英文为载体的教学素材，课程本身也可以成为重要的思想文化传播渠道。在显性的知识讲解中，结合社会主义核心价值观，润物细无声地将思政教育穿插于课程之中，培养学生的国际视野与人文情怀，则是大学英语课程的隐性目标。对这种隐性目标形态，本文定义为“微思政”。

“学好外国语，做好中国人”，完成大学英语课程显性与隐性的双重教学目标，已经成为教师们的共识，并有意识地将“微思政”理念落实到自己的课程中（李颖，2020）。

2. 微时代的发展助力英语课程开展“微思政”

智能手机的普及和24小时不间断的无线网络、各种功能的微平台、微媒体及微应用程序，加上海量的多元化在线信息，对英语学习的促进作用不言而喻。

一方面，在全球一体化发展、人类命运共同体构建的背景下，作为英语学习者的大学生们，时刻关注全球动态、随时掌握应运而生的新的语言及衍生信息是基本要求。而微时代的快速发展为学生们主动获取信息、形成语言学习意识、即时感受不同英语国家的文化、进行中西文化的对比提供最直接的助力；另一方面，各种不同功用的微媒介，为教师选取、制作涵盖课程思政元素的教学素材也发挥了助力作用。真实来源的微视频微音频、简洁有效的微课、微信的师生互动交流的有机结合所发挥的“育人”效果，势必优于教师一个人在有限课堂时间内的言传。

因此，大学英语课程思政的目标：发展学生思辨能力，提高政治素养，培养具有国际视野和人文情怀的大学生，其实现需要依靠微时代各种媒介的助力。

三、微时代大学英语课程“微思政”构建策略

大学英语课程思政的建构，应遵循始于知识传授、经由能力培养，最终完成价值塑造的进程。选取恰当教学内容，在知识点分解过程中提炼思政元素；教学过程的设计中，尝试通过在文化、情感及社会实践的情境体验中，展开教学与思政的有机结合，同向同行；此外，还需打造能实现实时互动交流、及时反馈教学评价的平台，以便教师在课程“微思政”的建构过程中，不断调整和完善，持续优化教学效果。

1.“微”思政素材语料库的搭建

作为一门语言课程，大学英语有着庞大的语言文化知识体系。微时代背景下，知识的传播日益快速且碎片化（张青妹，2015），学生们接触到的语言素材，难免会充斥着片面且禁不住专业判断的信息。开发并逐步搭建思政元素素材语料库，通过对教材或其他教学资源内容加工处理，提取具有教学意义及思政价值的主题、片段、知识点等碎片内容，是构建大学英语教学“微思政”的基础。

随着语料库的搭建，大量适合微学习的思政素材会逐步积累起来。这些素材可能是某个单词的起源，也可能是某个单词对应的例句；可以是一组系列图片，也可以是一幅图片背后的故事。无论是来自某本教材的某段严谨文字，还是截于微博的某段博文；抑或取材于网络版权公开的视听材料或者教师自己录制的微课，因为语料库由教师把控搭建，素材的质量和价值方向有所保障。

在课堂教学中选取小的切入点，引用与课堂教学主题相关的“微”思政素材并聚焦其内涵，便可利用有限的时间最大限度地发挥其功用。此外，语料库内的素材，也适合学生通过微媒介完成自主学习和小组讨论，引导学生对语言现象背后的文化、社会、历史问题进行思

考，对材料进行思辨学习，自然地接受把隐性的思政内容作为课程学习目标的一部分。

2.“微”课堂环节设计

大学英语课“微思政”，应该基于知识能力目标和育人目标的有机融合，展开课堂环节和活动的设计。在针对育人目标的环节的设计上，不宜过于喧宾夺主。

“微思政”教育活动的设计，对学生思维方法和政治素养的引导应优于语言面貌本身。可以采用易于学生接受、适用于课堂上各种基础水平学生的设计，将思政元素嵌入活动中，将思政理念落实到课程中的具体细节点上。例如，围绕“某某”主题，教师鼓励同学们收集或创作英文句子，大声朗读、分析并翻译，录制成小视频或音频，在班级的微学习平台上分享交流。不同层次的学生都愿意参与其中，在小小的活动中积累了英文词句的表达。当然，教师的言传身教，以身作则、适时展现自己坚定政治立场的表露，可以给学生更为直观的感受，从而使学生在不知不觉中获得积极的思想、经验或做法，并且内化为自身的行为规范。

3.“微交流”平台打造

大学英语课程思政元素的渗透，除了课堂这一主战场，依托微媒体平台，打造课程“微交流”平台，实现课程内容的拓展延伸，也能在进一步交流互动、分析理解的环境中，拓宽英语课思政文化的传播载体（于金伟，2020）。例如：构建微信班级群，教师定期挑选的微视频、微短片等内容发送到群对话中，鼓励学生之间探讨，最后给予总结评价，以此加强对学生的思想引领。

此外，在“微交流”平台上，还可随时利用慕课和微课等形式多样的教学媒介，为学生提供多样的线上学习方案，提供涵盖思政内容丰富的语言学习素材，有效地拓展学生语言学习和思想政治提高的效果。

四、结　语

大学英语课程思政的建设方向是注重学生语言技能培养的同时，对学生价值取向内涵与思想品质的培养。思政教育本身完成显性育人功能，而大学英语课程的育人功能具有隐性形态。教师应构建“微思政”理念，借助微时代高速发展的各种成果，注重“微”思政元素的选取、“微”课堂环节的设计以及“微交流”平台的打造，真正做到将思政融入教学并反拨教学，切实发挥课程思政建构的意义。

参考文献

［1］张巨武.《大学英语》“课程思政”教学改革研究[J].西安文理学院学报：社会科学版，2020（1）：94-99.

［2］李颖.大学英语课程融入课程思政教育理念的思考[J].科教文汇，2020（6）：163-164.

［3］张青妹.微媒体语境下外语数字化教材编写策略研究[J].中国大学教学，2015（3）：82-84.
［4］于金伟.微媒体时代大学生思政教育文化载体创新研究[J].中国农村教育，2020（3）：7-8.

作者简介

孙丽丽（1983—），女，北京工业大学文法学部外语学院讲师，硕士，研究方向：英语语言文学、多媒体教育技术，E-mail：846056851@qq.com。

邹丽玲（1982—），女，北京工业大学文法学部外语学院副教授，博士，研究方向：英语教学，E-mail：ring5227970@126.com。

学生词汇学习策略调查及在线词汇教学建议*

唐珍珍

（海南外国语职业学院，文昌，571300）

【摘要】从7个词汇学习策略维度对英语专业一年级学生进行问卷调查并对随机抽取的6位被试学生采取半结构式访谈，结果显示：受试者能够把学习重点放在重要信息和材料上，有一定的编码技巧，但他们遇到生词时比较依赖词典，笔记整理的能力相对较弱，学习的主动积极性欠缺，在猜词技能和词汇使用方面还有待提升。根据调查结果，提出在线词汇教学建议，以期推动在线词汇教学的深入研究。

【关键词】词汇学习；策略；在线词汇教学；建议

一、引　言

近年来，随着我国高等教育国际化的加深，英语能力已经成为高校人才培养中必不可少的组成部分，而词汇能力是英语语言能力养成当中的砖瓦与基石，它贯穿于英语学习的始终，是英语学习的重要环节。但是词汇教学耗时大，效果差，再加上受到移动词汇学习的冲击，没有得到足够的重视。在“停课不停学”“停课不停教”的在线教学期间，词汇教学更是因为缺乏有效的监督机制而被忽视。据此，本文研究学生词汇学习策略，希望从中得到启发，从而更好地开展在线词汇教学。

二、文献综述

（一）词汇学习策略

词汇是语言交流的基本要求，非母语者想要独立理解阅读内容，就必须掌握所阅读文本98%的词汇（Laufer, Ravenhorst-Kalovski，2010:15）。词汇学习备受国内外关注。英语词汇教学研究最早出现在西方国家，但是由于中外英语教学体系不同，不能将国外的研究成果直接应用于国内英语词汇教学，还需结合国内教学环境和国家相关策略，探索适合我国国情的词汇教学方法。

* 项目基金：本文系2019年度海南省高等学校教育教学改革项目（项目名称：打卡微学习在英语词汇教学中的应用研究；项目编号：Hnjg2019-11）和2019年度海南外国语职业学院院级教育教学改革项目（项目名称：“移动学习”在高职高专学生词汇习得中的效果研究——以海南外国语职业学院为例；项目编号：Hwyjg2019-4）阶段性成果。

诸多研究者通过多种方式研究了英语学习者词汇学习策略。1996年，Gu & Johnson研究发现学生最常用的是元认知策略（Gu & Johnson，1996）。Zhang（2006）调查研究发现，非英语专业学生最常用的策略为重复记忆策略，而元认知策略和与语境相关的深加工策略未被广泛使用。王松昌（2011）的调查结果显示英语专业学生最常用的词汇学习策略为认知策略，其次是社会/情感策略和元认知策略。马宁、罗仁家、刘江燕（2015）研究发现英语专业学生在英语阅读中遇到词汇问题，猜测策略是最常用的，而忽略和询问策略则不常用。陈绍英（2019）采用词汇量测试和词汇策略调查问卷研究大学生自主学习状态下，研究表明，学生词汇学习策略使用与所掌握的词汇量之间存在显著的正相关性。

近年来，移动词汇学习因其便携性、即时性、交互性、灵活性和个性化的特点，已经得到了国内专家和学者的关注（毕鹏辉，2017）。凌茜、王皓、王志浩（2019）以41名非英语专业本科一年级学生为被试，检验了游戏化移动学习对英语词汇学习影响的效果。该研究从语言意识、元认知策略（计划、监控、评估）和交际策略、情感策略四个维度调查学习者如何在移动学习环境下计划、监控及评估其英语词汇学习情况。目前，移动学习方面的词汇策略研究主要集中在课外自主的词汇学习，而对课堂词汇学习，尤其是在线课堂词汇学习的研究较少。

（二）词汇教学

词汇教学是外语教学的重要环节。很多高职学生学习英语的主要问题和困惑在于缺乏对词汇学习策略的了解和掌握。为了提高学生词汇学习效率，国内诸多学者推出了不同的教学策略。 陈绍英（2019）研究显示，教师的词汇策略和自主词汇学习的输入对学生词汇学习产生了很大的影响，教师在培养学生自主学习能力的过程中要承担的角色是信息提供者、咨询者，真实语言的使用者、管理者，教学材料编写者、评价者和组织者。吴春明（2014）提出多模态叙事教学，更注重词汇运用的语境性、交际性、文化性和得体性。 闵瑞华（2020）研究了经典英美文学语境下的词汇教学模式，旨在让学生在文学语境中全面、准确理解词汇意义和用法，并提升人文素养。刘艳（2016）探究了翻转课堂模式下的词汇教学，她的研究得出：中高水平被试者词汇广度和深度只是习得率显著高于传统教学模式下同等水平被试；初级水平被试习得率相对于传统模式被试略有提高，但并不显著。不同英语程度学习者词汇习得效率不一样，在词汇处理中使用的策略也存在着巨大差异。由此可见，词汇教学模式还有待进一步研究。

三、研究设计

（一）研究问题

学生运用了哪些词汇学习策略？他们的学习策略对在线词汇教学有什么启发？

（二）研究对象

本次调查的研究对象为海南某高校英语专业132名一年级学生。

（三）问卷调查

本研究通过“问卷星”对学生进行问卷调查。研究所采用的英语词汇学习策略问卷以Gu & Johnson（1996）的词汇学习策略问卷为蓝本，从7个维度调查学生的英语词汇学习情况，共29个调查项目。其中，第1—4项为元认知策略；第5—9项为主动学习策略；第10—13项为猜测策略；第14—17项为词典策略；第18—21项为记笔记策略；第22—25项为编码策略；第26—29项为试用策略。词汇处理策略采用李克特五级量表，后用SPSS进行量化分析得出受试者每项的平均分。

（四）调查结果与分析

“问卷星”调查结果显示，共132人参与本次调查。经SPSS信度检验分析，该问卷内部一致性信度系数值为0.906，信度很高。调查数据见下表：

学生英语词汇策略使用情况调查结果

	调查内容	平均值	平均值
元认知	1. 我知道哪些词是我学习的重点。	3.495	3.583
	2. 我知道哪些词我能猜出来而哪些不能。	3.548	
	3. 我知道该用什么线索去猜测一个单词的意义	3.598	
	4. 遇到一个生词时我很清楚该不该记它。	3.69	
主动学习	5. 我有计划地进行英语词汇学习。	3.105	3.201
	6. 除课本以外，我还找自己感兴趣的读物去读。	3.348	
	7. 老师没要求学的东西我就也会去学。	3.481	
	8. 我有计划地定期复习自己背过的生词。	3.167	
	9. 我会将我遇到的生单词制成单词表或单词卡片，走到哪儿带到哪儿。	2.905	
猜测	10. 我很会根据上下文来推断一个词的含义。	3.41	3.28
	11. 我很会运用常识以及一般性知识来推测一个词的含义。	3.471	
	12. 我很会通过分析一个单词的结构(前缀、词根、后缀)来推测它的含义。	3.025	
	13. 我很会根据词语搭配来推断一个词的含义。	3.214	
词典	14. 我见到一个生词就要查词典。	3.381	3.473
	15. 当我想证实自己猜测的意义时就查词典	3.924	
	16. 查词典时我留意例句中的用法。	3.233	
	17. 我运用搭配、词类以及意义上的细微差别来从词典上斟酌选择一个词在文章中的意思。	3.352	
记笔记	18.所查的词我会记笔记。	3.21	3.144
	19. 我会把一个词的同义词和反义词记在笔记本里。	3.067	
	20. 记笔记时，我记下所查词的搭配。	3.186	
	21. 我在笔记里记下显示所查词用法的例子。	3.114	
编码	22. 我会把发音相似的词放在一起记	3.429	3.405
	23. 我把拼写类似的词放在一起记。	3.476	
	24. 我分析单词的前缀、词根和后缀来帮助记忆。	3.119	
	25. 我把单词分类记(如动物、日常用品等)。	3.595	
试用	26. 我大量阅读以便能够运用自己记过的生词。	3.126	3.39
	27. 我用自己学过的单词造句。	3.29	
	28. 我尽量多在说和写时运用新学过的生词。	3.5	
	29. 我尽量在实际情景中运用新学过的生词。	3.643	

在所有词汇学习策略中，受试者最常使用的是：元认知、词典和编码策略，均值分别为3.58、3.476和3.405。最少使用的为记笔记和主动学习策略，均值为3.144和3.201。由此可见，受试者能够把学习重点放在重要信息和材料上，有一定的编码技巧，但他们较依赖词典查询单词，笔记整理能力相对比较弱，学习主动积极性欠缺，在猜词技能和词汇使用方面能力还有待提升。具体分析如下：

1. 元认知

表中元认知维度的总体平均值最高，为3.583，说明所有受试者在词汇学习中能够对重要信息和材料做出判断，能在一定程度上将学习注意力放在重要的学习信息和材料上进行有效的词汇学习。

2. 主动学习

在主动学习这一维度中，受试者最少用到的策略为第9项，其次是第5项和第8项，均值分别为2.905、3.105和3.167。由此可见，受试者虽意识到了单词的重要性，但学习动机不足，主动性欠缺，计划性较差。

3. 猜测

在这个维度中，受试者最常用的策略为第11项和第10项，均值分别为3.471和3.41；最少使用的策略为第12项，均值为3.025。这说明大部分的受试者有一定猜词意识和技能，想借助猜词来获取对单词的理解，但由于词汇量有限，缺乏方法，根据构词法来猜词的能力相对最弱。

4. 词典

就词典使用而言，受试者使用频率最低的策略为第16项，均值为3.233；使用频率最高的策略为第15项，均值为3.924。这说明，受试者较依赖字典，他们查字典主要为了解词义，助益阅读理解，他们会忽视短语和例句的重要性，对词汇的深度学习不够。

5. 记笔记

在记笔记方面，受试者相对最少使用的策略为第19项，均值为3.067，说明受试者整理归纳能力相对较弱。可能的原因是本身词汇量不多，积累较少。

6. 编码

受试者在编码维度中，使用频率最低的是第24项，均值为3.119，说明学生对构词法了解相对较少，有待进一步在词汇教学中深化。

7. 试用

在试用维度中，受试者最常用的策略为第28项和第29项，均值分别为3.643和3.5。而最不常用的策略为第26项，均值为3.126，说明受试者阅读量有待提高，他们未能利用有效的阅读来巩固词汇学习和增加词汇量。

（五）访谈结果与分析

本研究随机抽取了6名参加研究的受试者对其进行了半结构式访谈，旨在调查学生对英语词汇学习的情况。访谈发现：（1）学生学习动机相对不足，部分学生学习兴趣明显较低，他们认为专业选择来自父母，且并不擅长英语，从而影响了学习效果；（2）他们相对基础较薄弱，基本词汇匮乏，读音规则掌握不好，所识记的单词意思比较单一，写单词能力较弱；（3）词汇学习策略相对单一，没有掌握英语词汇学习的高效方法；（4）学习习惯不好，自制力较差。

四、研究结论与在线词汇教学建议

研究发现：受试者能够把学习重点放在重要信息和材料上，有一定的编码技巧，但他们遇到生词时比较依赖词典，笔记整理的能力相对较弱，学习的主动积极性欠缺，在猜词技能和词汇使用方面还有待提升。因此，笔者提出如下在线词汇教学建议：

（一）用好AI，帮助学生过好语音关

在词汇教学中，教师注重单词音和形的结合，适当讲解语音知识，引导学生反复练习在大脑中建立起音形联系。讯飞FiF口语训练app基于人工智能技术，可以很好地用于强化发音训练，具体做法如下：首先，根据学生情况自建题库（可以是单词、句子、段落和篇章跟读，也可以是角色扮演）；其次，输入习题内容并发布学习任务让学生在规定时间内练习并挑战；再次，系统给分，教师可以查看学生学习情况；最后，教师可以人工评分并给出指导意见。根据读音记单词，能够帮助学生摈弃用汉语拼音代替英语读音的不良习惯，避开按字母拼写记忆单词效率低的弊端，会读更会写。

（二）借助微视频教授词汇学习策略

学生词汇学习效果不好与缺乏词汇学习策略的掌握紧密相关。以微视频形式给学生介绍猜测等策略。在掌握一定高频词汇的基础上，教师录制构词规则讲解的微视频，让学生通过熟悉词根、添加或删减前缀和后缀来掌握词汇，以便学生在实际运用中独立进行词汇学习，不断扩充词汇量。

（三）巧用手机应用程序，支持移动学习

移动App和小程序使学生可以充分利用碎片化时间随时随地灵活记单词。有些手机应用程序例如“词达人”还能实现与课堂教学内容的紧密衔接，教师也可以根据教学内容自主录入词汇，或者给学生布置课外词汇，手机应用程序使学生可以更方便地记忆课内外词汇。移动学习激发了学生潜力，使原本枯燥的词汇学习变得生动有趣，大大减轻了学习压力，提高了学习效率。以学生为主体，教师重在引导，注重培养学生自主学习的能力，让学生争取实现在教师指导下有目的、有计划地自主学习，并不断地学会自我监控、自我调整和自我提升（2019，陈绍英）。比如，教师可以组织学生每日以小组为单位进行移动词汇学习打卡，实现教师监督和组员监督相结合，积极发挥教师作为移动学习活动设计者、环境营造着、辅导者等的主导作用。

(四)注重提高学生语言运用能力，加强输出

教师可以采取多模态叙事词汇在线教学，具体做法可以参照吴春明(2014)的教学方法：课前将新词汇集在一起创造一个故事，或者以词汇本身为中心，创造小空间故事；课上选用图像、声音、颜色、视频、动作等多模态呈现自己准备好的故事或者小空间；课后可以要求学生复述故事或者自己编造故事在线展示。这样的教学方法强化了输出，学生记忆效果更好，学习积极性也提高了。教师应积极引导学生以语言输入促进语言输出，真正激活词汇。

五、结 语

在线教学是信息时代的必然趋势。在这样的时代背景下，在线词汇教学模式需要不断地适应新时代变化并满足学生的实际需求。如何更好地帮助不同学习风格和学习习惯的学生适应新模式，提高学生词汇学习能力，仍有待进一步研究。

参考文献

[1] Gu, Y. Q. & Johnson, R. K. Vocabulary learning strategies and language learning outcomes[J]. Language Learning, 1996(4):643-679.

[2] Laufer, B., Ravenhourst-Kalovski, G. C. Lexical Threshold Revisited: Lexical Text Coverage, Learners? Vocabulary Size, and Reading Comprehension[J]. Reading in a Foreign Language, 2010(1)

[3] Zhang T. An Investigation into Vocabulary Learning Strategies Used by Non-English Majors[J]. Teaching English in China，2006(4):27 — 33.

[4] The SPSSAU project (2020). SPSSAU. (Version 20.0)[Online Application Software]. Retrieved from https://www.spssau.com.

[5] 毕鹏晖.大学英语微移动词汇学习融入形成性评估模式的研究[J]外语电化教学, 2017 (173)：35-42.

[6] 陈绍英.自主学习视域下大学生英语词汇学习策略与词汇量相关性研究[J].黑龙江高教研究，2019 (11): 142-146.

[7] 黄乐平, 舒月.国内英语词汇教学现状、问题及展望[J].外语学刊, 2020 (1): 70-74.

[8] 凌茜, 王皓, 王志浩.游戏化移动学习对大学英语学习者词汇学习的有效性研究[J].外语电化教学, 2019 (190): 9-15.

[9] 马宁, 罗仁家, 刘江燕.英语阅读学习与训练中词汇处理策略调查研究[J].外国语文(双月刊), 2015. Vol. 31(2)：151-156.

[10] 苗丽霞.第二语言词汇附带习得研究30年述评[J].外语教学理论与实践, 2014 (1)：23-30.

[11] 闵瑞华.经典英美文学语境下的词汇教学模式——以《傲慢与偏见》为例[J].黑龙江生态工程职业学院学报, 2020. Vol. 33(2): 146-149.

[12] 王松昌. 影响英语专业学生词汇学习策略选择的因素分析[J]. 广东外语外贸大学学报，2011，(11):37- 41.
[13]吴春明 . 英语词汇的多模态叙事教学[J]. 外国语文（双月刊）, 2014. Vol. 30(4):171–174.
[14]张筠 . 新形势下大学英语词汇教学改革与实践探究[J]. 科教文汇，2020 (491): 187–188.
[15]周俊 . 问卷数据分析——破解 SPSS 的六类分析思路[M]. 电子工业出版社 , 2017.

作者简介

唐珍珍（1987—），女，海南外国语职业学院讲师，硕士，研究方向：英语教学研究，E–mail: 344576408@qq.com。

从译者主体性看任溶溶“儿童本位”翻译观形成的原因

杨雨晨　刘壮丽　严绍阳

（北京工业大学文法学部，北京，100124）

【摘要】本文选取任溶溶《夏洛的网》的中译本作为研究对象，根据“译者主体性”理论，通过分析语言文本，研究译者的个性特点、语言风格、翻译策略以及文本的语言特征等，进而从译者主体性分析他的“儿童本位”翻译观形成的原因。

【关键词】任溶溶;《夏洛的网》;“儿童本位”；译者主体性

一、引　言

21世纪以来，大量外国儿童文学作品被介绍到中国，外国儿童文学翻译作品在中国儿童文学出版市场占有很大的比重（孙世权、石春让，2012：23）。儿童文学作品的阅读对象是儿童，选择儿童文学进行翻译和出版的却是成人，这就是儿童文学翻译的双主体性。儿童对文本的建构与成人是完全不同的，所以译者在翻译儿童文学作品时更应具有读者意识，译文要符合儿童的理解和欣赏能力（Nida，1982：51）。“为儿童而译”是儿童文学翻译的本质属性（Oittinen，2000：224）。随着翻译研究的文化转向，“为儿童而译”成为儿童文学翻译的基本准则，译者的翻译活动应该满足儿童阅读者的需要，实现儿童文学的娱乐和教育功能，这取决于译者的选材眼光和翻译策略，也就是说，在儿童文学翻译活动中，译者主体性起到了更重要的作用。在此背景下，研究优秀儿童文学翻译者的成功经验，认识“儿童本位”翻译观在儿童文学翻译中的重要作用，对于提高儿童文学作品的翻译质量具有重要的现实意义。

任溶溶是一位优秀的儿童文学翻译者，他的“儿童本位”翻译观决定了他在儿童文学翻译领域取得的巨大成就，而他的个性特征、翻译观念、双语水平等个人因素，影响了他的翻译观念和翻译水平。本文以任溶溶翻译的《夏洛的网》为语料来源，结合任溶溶的生平经历，从译者主体性的角度，分析任溶溶“儿童本位”翻译观形成的原因。

二、译者的个性特征影响了对原文的选择

译者是原本和译本之间的桥梁，一般情况下，由译者本人或者翻译赞助人决定对翻译原

本的选择。1947年，应《儿童故事》期刊编者的邀请，任溶溶翻译了迪士尼的儿童故事。从那以后，他开始了儿童文学的翻译工作。任溶溶选择翻译原本的第一个标准就是那些一直受到读者喜爱的外国古典儿童文学作品。任溶溶系统地翻译了许多在世界各地广泛流传、深受儿童读者喜爱的经典儿童文学作品。这些作品本身的“儿童本位”特征极其鲜明，用儿童语言表现了儿童世界、儿童心理，能够满足儿童的阅读期待。《夏洛的网》中动物世界里的友谊、快乐、忧伤、成长，都是儿童世界的真实写照，体现出作者对儿童的深刻理解，因此受到儿童读者和家长的喜爱。

任溶溶好奇心强，爱玩，喜欢情节曲折、故事奇特、语言幽默的文学作品，这种阅读兴趣极大地影响了他对翻译原本的选择。他承认《爱丽丝梦游仙境》是儿童文学经典作品，但他觉得不好玩，不喜欢读，也就没有翻译的愿望（舒晋瑜，2013：114–117）。因此他选择翻译原本的第二条标准就是好玩有趣。译者主体性表明，在选择翻译原本时，译者自己是否喜欢，必定会成为一个重要标准。在任溶溶看来，《彼得·潘》中那个永远不会长大的小男孩在飞行时的种种奇遇，《长袜子皮皮》里那个力大无比的小姑娘的冒险和淘气，都好玩有趣，深深吸引了自己，也必将会吸引他的读者。《夏洛的网》也是如此。小猪威尔伯命运的变化、蜘蛛夏洛创造的奇迹、老鼠坦普尔顿的唠叨，都可以引起儿童极大的阅读兴趣。不仅如此，任溶溶在选择儿童文学作品时，非常注重儿童文学的教育意义。他认为，儿童文学作家不能只让孩子开心（舒晋瑜，2013：114–117），要让孩子在感到文学作品好玩的同时，在不知不觉中受到思想和情感教育。任溶溶的翻译的童话主题，包括爱、友谊、爱护、勇敢、正直、诚实等，有助于孩子价值观的形成。《夏洛的网》用蜘蛛夏洛和小猪威尔伯之间的故事，传达了爱、友谊、帮助、感恩等人与人之间的情感，具有打动人心的力量。

三、译者的翻译目的决定了翻译策略的选择

翻译策略是译者将源文本改写为目的语的过程中所使用的程序、技巧、方法和手段等。译者会根据自己的文化背景和翻译目的，选择与之相适应的翻译策略，其中体现出译者的主体性。最常见的翻译策略是归化和异化。在《夏洛的网》汉译本，任溶溶无论是归化策略还是异化策略的使用，都是为他的“儿童本位”翻译观服务的。

归化策略是译者要满足目的语读者的阅读需要，尽量使用目的语的语言形式和表达特点，尽量协调原文本文化和目的语文化的差异，以此帮助读者理解原文本，增加译本的可读性，提高读者的阅读兴趣。吸引儿童读者的，更多的是故事情节和人物形象，语言仅仅是儿童走进情节和人物的途径，因此归化策略更有助于“儿童本位”翻译观的实现。任溶溶《夏洛的网》中，就大量使用归化策略，尤其是在涉及文化因素的部分，更是如此。例如：may the good Lord forgive me for this foolishness被译为“愿老天爷原谅我做了这傻事”，Lord在英语中指上帝、耶稣，是个常见的宗教词汇，对中国低幼儿童来说，是很陌生的，任溶溶进行了

处理，译为中国人都很熟悉的“老天爷”，而且非常口语化，更容易被中国儿童理解。

异化策略就是译者尽量理解和再现原文本作者思想，尽可能地再现原文本语言的表达方式，让读者最大限度地接受源语言所表现出来外来文化。任溶溶的译本对异国文化词汇，也不是都进行了归化处理，有些是异国独有的文化因素，任溶溶也会尽量采取异化策略直译，给儿童读者带来新鲜感。例如：Sunday School被直译为“主日学校”，这是中国儿童没有听说过的名词，为了让读者了解这种在西方教堂普遍存在的学校，特意加上了注释“主日学校是星期日对儿童进行宗教教育的学校，大多附设在教堂里”，这样既让读者了解了西方宗教文化，又降低了阅读难度。

四、译者的双语水平制约了译文的表达效果

翻译是从源语言转换成目的语的过程。译本水平的高低，必定受到译者双语水平的制约。如果译者的源语言水平不高，就无法译出原本的思想和艺术精华。同样，如果译者的目的语水平不高，译本就不能再现原本的特征，无法满足目的语读者的阅读期待。任溶溶的中学就读于当时外国人开设的学校，在那里受到了最初的英语训练，此后一直自学英语和俄语。同时他自幼受到完整的中文训练，大学读的也是中国语言文学专业。他一直受到他那个时代少有的中国和西方文化融合的教育，使他具备了成为优秀译者的基础条件。他的这种教育背景，也突出地体现在他的译本当中。《夏洛的网》汉译本引人注目的一个特点是大量成语的使用。成语是汉语特有的一种词汇现象，源于古代典籍或古代故事，形成固定的四字等结构和特定的意义，体现出汉语表达的简洁和典雅。成语的恰当使用，显示了作者深厚的中国古代文学功底和良好的汉语表达水平。据粗略的统计，任溶溶《夏洛的网》译本中大约出现了40个成语，这在儿童文学翻译作品中并不多见。

五、结　语

“儿童本位”的翻译观强调为儿童而翻译，译者必须坚持“儿童本位”原则。“译者主体性”理论表明，由于译者是源语言与目的语之间的桥梁，译者能否在译文中实现“儿童本位”，取决于译者的个人素质及其双语的理解和运用能力。任溶溶汉译本《夏洛的网》之所以受到儿童读者的欢迎，是由于其译本在词语的选用和语言的节奏感等方面满足了儿童读者的认知水平和阅读期待。这种成功表明，任溶溶凭借其良好的个人素质和双语能力在自己的翻译实践中践行了“儿童本位”翻译观。

参考文献

[1] Nida, Eugene A. Translating Meaning [M], Califomia: English Language Institute，1982.

[2] Oittinen, R. Translating for Children[M]. New York: Garland Publishing, 2000.

[3] 舒晋瑜 . 我无非想让小朋友读到有意思又好玩的书 [J]. 博览群书 , 2013(09): 114-117.

[4] 孙世权 , 石春让 . 儿童文学翻译、出版的怪现状 [J]. 编辑之友 , 2012(12)：23-25.

作者简介

杨雨晨（1998—），女，澳大利亚墨尔本大学在读研究生，研究方向：翻译学，E-mailyyct12@aliyun.com。

刘壮丽（1968—）（通信作者），女，北京工业大学文法学部副教授，研究方向：大学英语教学和翻译实践，E-mail：1415222154@qq.com。

严绍阳（1979—）（通信作者），男，北京工业大学文法学部讲师，硕士，研究方向：应用语言学，E-mail：billyan2002@163.com。

外语教学中的自我效能理论研究*

史利红

（北京印刷学院外语部，北京，102600）

【摘要】随着外语教学从以教师为中心转变为以学习者为中心，学习者个体的差异研究逐渐成为外语教学的一个热点，自我效能对于学习者的个体差异做了很好的解释。本文介绍了外语教学中的自我效能理论产生的背景，自我效能的概念，来源，作用，以及自我效能与学习各个要素的关系，最后对教师有效提高学生自我效能提出一些教学建议。

【关键词】自我效能；外语教学；社会认知理论

一、引　言

近年来，随着外语教学逐步从以教师为中心转变到以学生为中心，许多学者将学习者的自我效能引入外语教学的研究中。自我效能由美国斯坦福大学心理学家Albert Bandura在20世纪70年代首次提出，20世纪末已经成为教育界的一个关键理念，正在被广泛应用于医疗保健、管理、运动以及看起来极为棘手的社会问题等领域。自我效能理论属于研究有关人类行为的动机理论，主要论述了人类行为的内在自我调节机制。自我效能在第二语言学习领域的应用可以有效提高学生学习效果，激励学生内在驱动力，提高学生学业成就。

由于自我效能理论对于外语教学尤其是学习者外语学习的巨大推动作用，自我效能理论成为了近年来在外语教育心理学领域研究的热点。本文将对自我效能理论进行介绍，对其在外语教学中的应用进行深入探讨，以期对外语教学提出有益的启示。

二、社会认知理论

自我效能理论源于Bandura提出的社会认知理论。Bandura（1986）认为：个体的行为、个体的内在认知、环境是相互作用和相互影响的。个体的行为要受环境和个体认知的影响，而个体的行为又会影响环境和个体的认知；个体的认知是个体行为结果和环境信息化的结果，而个体的认知又会调节个体的行为，通过不同的行为方式改变环境；环境是个体认知的源泉，是行为施加影响的对象和调节。个体、行为和环境这三个要素是相辅相成、相互作用的，这就是三元交互论（Triadic Reciprocality），它是社会认知理论的核心。

* 基金项目：本文受北京印刷学院2015年教改项目资助。

社会认知理论认为，人的行为是个人与社会相互作用的结果，个人的认知不仅反映了行为发生的心理过程，而且能改变个人行为、调节个人行为与环境之间的关系。社会认知理论强调观察与榜样的作用，认为个体可以通过观察他人的行为获得一定的经验，不必要事事亲历，借鉴他人的经验可以省却许多时间。自我效能理论是社会认知理论非常重要的一部分。

三、相关研究

国外对自我效能的研究开始于20世纪70年代，近年来各个领域都逐渐开展了对自我效能的深入研究。在外语教学领域，对自我效能的研究并不多见，大部分的研究成果集中于近十年。国外二语习得领域对自我效能的研究主要分为三个方面：对自我效能量表的研究；对自我效能与语言学习各个因素的关系研究；如何提高自我效能的研究。对于自我效能的考量，大部分研究者都会采用以往研究中较权威的量表，但是随着研究深度和广度的不断拓展，原先的一般性的自我效能量表逐渐不能满足某些研究的要求，就出现了某一具体情境下自我效能量表的研究。比如对听力自我效能的量表的研究等。但外语教学领域对自我效能的研究绝大多数还是对于外语学习中各因素与自我效能关系的研究，包括自我效能与学业成绩的关系(Hsieh & Kang 2010; Mills，et al.，2007)，与学习策略的关系(Mastan & Maarof，2014)，与语言焦虑的关系（Mills，et al.，2006; Erkan & Saban，2011），与归因的关系(Hsieh & Kang，2010)，与动机的关系（Pajares，2003）等等。有极少的研究者试图探讨如何提高学习者的自我效能（Zheng, et al.，2009）。国内对自我效能的研究也主要集中于自我效能与各个因素的关系上（许久春，2006；王天发，2009；仲彦，2008；陈亚轩，2007）。研究表明，自我效能对于语言学习者学习的热情、努力的程度、面对挫折的态度都有很大影响。

四、自我效能理论

1986年，班杜拉出版了《思想与行动的社会基础：一种社会认知理论》的专著，全面系统地阐释了人类自我效能机制。1997年，他的《自我效能：控制的实施》一书出版，标志着自我效能理论的进一步完善。

1. 自我效能的概念

班杜拉认为，自我效能是指个体对自己在特定环境中的行为和操作能力的判断和评价，是个体对自我能力的信念和预期。它是指个体对有效控制自己生活诸方面能力的知觉和信念，是人类动因的中心机制，也是人类行动的基础。自我效能的内涵主要有两点：（1）人的反思决定着人的信念；（2）自我效能是一种自我调节机制。

2. 自我效能的来源

班杜拉及其同事的研究（Bandura，1986，1997）表明，个体的自我效能，无论准确与否主要源于掌握性经验（mastery accomplishments）、替代性经验（vicarious experience）、言语劝说（social persuasion）和情绪与生理状态（physiological state）。亲历的经验是个体的行为经验，指个体在行为习得与操作中亲身经历的实践经验。个体的行为经验，尤其是行为的成败经验对自我效能的形成影响最大。不断成功的经验能够提高个体的自我效能，多次的失败会降低个体的自我效能。替代性经验是指通过观察学习获得的经验，是一种间接经验，对自我效能的形成影响也是巨大的。言语劝说包括说服性建议、解释、劝告及自我规劝等。尤其是学习者所信赖和尊重的人，他们的言语劝说会有效提高或降低学习者的自我效能。个体积极良好的情绪和生理状态会增强自我效能感，而紧张、抑郁、焦虑或恐惧等消极情绪状态会降低自我效能判断。

3. 自我效能的作用

自我效能信念会以不同方式影响个体的动机与行为，支配个体对行为的控制与调节。自我效能会影响人的行为取向与行为任务的选择，影响人们行为的努力程度与坚持性，自我效能还会影响个体思维方式和情绪反应，以及个体的归因方式。具有较强自我效能的个体，会选择具有挑战性的任务，树立较高的目标，在完成任务中付出更多的努力，运用更多的认知策略解决问题。遭遇失败时，能平静地面对，将失败的原因归结于努力的不足，为下一次任务积极总结经验教训。而自我效能弱的个体，对完成任务没有信心，往往夸大实际困难，在面对困难时容易焦虑、紧张、思路狭窄，在面对失败时不能冷静面对，把失败原因归结于自己能力缺乏，从而进一步削弱了自信心。

4. 自我效能与第二语言学习的关系

1）自我效能与学业成绩的关系

研究表明，自我效能与语言学习的学业成就密切相关，对学业任务的完成有直接影响。研究支持了班杜拉自我效能理论的基本观点，自我效能通过影响学生学习的努力程度、坚持性和克服困难的毅力，从而影响学生的学业成就。

2）自我效能与语言学习策略的关系

自我效能感影响学习策略的使用与运用。研究显示，自我效能高的个体与效能低的个体相比，会在语言学习中使用更多的学习策略。只有个体相信自己能够胜任已经习得策略的运用时，才会愿意并努力在语言学习过程中运用已经掌握的策略，并为自己的成功运用感到自豪。

3）自我效能与自主学习的关系

研究认为，自我效能与自主学习关系密切，是影响自主学习的一个重要的内在动机因素。Zimmerman（2000）认为，学生自我效能感通过目标设置、自我监控和自我评价等自主学习过程影响学习动机。学生感觉自己能力越强，越会选择高的目标，越会付出更多努力以实现目标。

五、对教学的启示及展望

从以上对外语教学自我效能的分析中我们可以看到，自我效能对学习者的影响是巨大的，会直接导致其学习成绩的成功或是失败。因此，教师在教学过程中应当努力提高学习者的自我效能，使之能正确评价自己的学习能力，对自己的学习充满信心。教师应尽力做到以下几点：

1. 布置难度适当的作业。自我效能的一个最主要的来源是亲历性经验，如果作业过难，学习者无法完成，就会产生失败感，作业过于简单，学习者也无法产生战胜困难的成就感。只有学习者经过一定努力而完成作业可以有效提高学习者的自我效能。

2. 帮助学习者进行正确的归因。研究表明，正确的归因有助于提高自我效能。如果教师将学生学习成功的原因归结于自身的努力、个体的能力、学习方法的得当，或者将失败的原因归结于努力的不够，题目过难等外部因素则有助于提高学习者的自我效能；相反，如果将成功的原因归结于题目较容易、失败的原因归结于能力不足，就会极大降低学习者的自我效能，使他们失去学习的信心和兴趣。

3. 增加学习策略的讲解。使用适当的学习策略，会提高学习成绩，进而会提高学习者的自我效能。

4. 进行鼓励教学。教师只有对学生多鼓励，帮助他们恢复自信心，认识自己只要努力，使用正确的学习方法就能进步，学生才会愿意付出更多努力，逐步提高自我效能。另外，教师的鼓励也可以有效减少学生的课堂焦虑，提高学习效果，最终提高自我效能。

参考文献

[1] Bandura， A. *Social foundations of thought and action: A social cognitive theory* [M]. Englewood Cliffs: Prentice Hall， 1986.

[2] Bandura A. Self-efficacy: Toward a Unifying Theory of Behavioral Change [J]. Psychological Review， 1977（2）: 191-215.

[3] Mills N， Pajares F， Herron C. Self-efficacy of College Intermediate French Students: Relation to Achievement and Motivation[J]. Language Learning， 2007（3）: 417-442.

[4] Mastan ME， Maarof N. ESL learners´ self-efficacy beliefs and strategy use in expository writing [J]. Procedia - Social and Behavioral Sciences， 2014(6): 2360-2363.

[5] Erkan Y D， Saban AI. Writing Performance Relative to Writing Apprehension， Self-Efficacy in Writing and Attitudes towards Writing: A Correlational Study in Turkish Tertiary-Level EFL[J]. The Asian EFL Journal Quarterly， 2011（1）， 163-191.

[6] Hsieh PHP， Schallert DL. Implications from self-efficacy and attribution theories for an understanding of undergraduates' motivation in a foreign language course[J]. Contemporary Educational Psychology， 2008（3）: 513-532.

[7] Pajares， F. Self-efficacy beliefs， motivation， and achievement: A review of the literature[J]. Reading& Writing Quarterly， 2003 （2）: 139-158.

[8] Zheng D， Young M， Brewer R， Wagner M. Attitude and Self-Efficacy Change: English Language Learning in Virtual Worlds[J]. CALICO Journal， 2009（1）: 205-231.

[9] 许久春. 班杜拉自我效能感与大学生英语学习[J]. 西南民族大学学报（人文社科版），2006（12）: 262-264.

[10] 王天发，杨军燕. 影响大学生英语学习自我效能的因素研究[J]. 山东外语教学， 2009（3）: 41-47.

[11] 仲彦，王微萍. 多媒体环境下非专业学生英语学习自我效能感实证研究[J]. 四川外语学院学报，2008（6）:142-144.

[12] 陈亚轩， 陈坚林. 网络自主学习成绩与自我效能感的相关性研究[J]. 外语电化教学， 2007 (8): 32-36.

[13] Zimmerman，B.J. Self-regulated learning and academic achievement: An overview[J]. Educational Psychologist，1990（1）: 3-17.

作者简介

史利红（1973—），女，北京印刷学院外语部讲师，硕士，研究方向：语篇分析，二语习得，E-mail：shilihong@bigc.edu.cn。

基于元认知策略的独立学院英语专业自主学习资源平台的设计*

张国利　胡婉娃

（浙江中医药大学人文社会科学学院，杭州，310053）

【摘要】自主学习的核心是学习者和学习资源。自主学习资源与自主学习密切相关，在自主学习中显得尤为重要。本文以独立学院英语专业本科生为研究对象，通过问卷、访谈的调查方法，了解他们的自主学习现状以及他们对自主学习资源的认知和需求。为建立起更为有效的自主学习资源平台，本文提出基于元认知策略的独立学院英语专业自主学习资源平台的设计构想，通过学生参与自主学习资源开发和利用，从而为学生自主学习提供有效保障，提高学生的自主学习能力与效率。

【关键词】独立学院英语专业；元认知策略；自主学习；自主学习资源

一、引　言

自从Holec将自主学习的概念真正引入外语教学领域以来，语言自主学习成为外语教育研究领域的热门话题，特别是进入21世纪后，人们对于自主学习研究的兴趣更是与日俱增（徐锦芬、朱茜，2013）。可是，“在究竟什么是自主学习的问题上，语言学家和教育学家之间始终未能达成共识”（何莲珍，2003）。如韩清林（2000）认为狭义的“自主学习”是指学生在教师的科学指导下，通过能动的创造性的学习活动，实现自主性发展。陈水清（2000）认为“自主学习”，就是学习主体主导自己的学习，它是在学习目标、过程及效果等诸方面进行自我设计、自我管理、自我调节、自我检测、自我评价和自我转化的主动建构过程。Holec（1981）认为，自主学习者要承担自我管理责任并采取相应的行动。Dickinson（1987)将自主学习界定为自我定向学习，即负责自己的学习，但不一定要独立地承担与学习有关的全部任务。Littlewood（1996）认为自主学习能力意味着学习者拥有独立做出并实施影响其行动选择的意志和能力。而庞维国（2003）则提出“自主学习是学习者一种有意识地计划、监控、实行和测试反思的学习过程”。

但是，不管自主学习如何定义，它已经成为全世界范围内所提倡的一种学习方式。英语作为一种学习与交流的工具，对听、说、读、写有着更为具体和明确的要求；积极落

* 基金项目：2013年浙江省大学生科技创新活动计划暨新苗人才计划项目“独立学院英语专业本科生自主学习资源开发与利用研究”（项目编号：2013R410041）的结题成果。

实自主学习，在一定程度上能够提高学生的英语水平（包括语感和读写能力，英语综合分析能力和解答问题能力）（钟旭兰，2014）。在《高等学校英语专业英语教学大纲》中提出，学生要积极主动地利用现有资料和网上信息获取知识，并使学生在运用知识的过程中培养各种能力。教学方法与教学手段强调“教师要培养学生的自主性、独立性和合作精神”及“学校要鼓励开发新的教学资源，重视计算机和网络技术在更新教学内容、改变学习方式、培养学习自觉性、提高教学效率中的重要作用”，这充分说明了自主学习的重要性。相应地，学者们也进行了不同角度的研究，有的分析了自主学习的功能系统、文化适宜性等，对英语专业师生自主学习意识和现状进行了调查，指出当前高校英语教学中推行自主学习的必要性、可行性和挑战性（陈晓湘，张昔阳，2014）；有的探讨了自主学习中的行为与自我感知成效的关系（王艳 2007）；有的则探究了影响大学生自主学习的原因（王晨，张旭芳，2014）。然而，对于自主学习资源的探讨则较少，尤其是探讨独立学院英语专业自主学习资源平台。由此可见，在高度重视自主学习的今天，为独立学院英语专业学生建立一个有效的自主学习资源平台便成为一项亟待完成的重要任务。因此，本文拟从元认知策略出发，从“确定学习目标”“选择学习资源”“记录学习进程”“监控学习行为”四个方面为独立学院英语专业自主学习资源平台的建设提出构想。

二、元认知策略及学习资源的相关概念简介

（一）元认知策略

“元认知是弗拉维尔(Flavel)于20世纪70年代提出的一个概念。弗拉维尔认为，元认知就是个体关于自己的认知过程的知识和调节这些过程的能力”（梁云霞，2010）。元认知策略是一种典型的学习策略，指学生对自己整个学习过程的有效监视及控制的策略，主要包括计划策略、监控策略和调节策略。Legutke和Triomas(1991)指出元认知策略和自主学习是互利互惠的，元认知策略的恰当运用会提高自主学习的能力。元认知策略与自主学习能力成正相关；“元认知策略培训能够帮助学生进一步加深和巩固作为独立学习者的观念以及自主学习的态度，促使他们顺利地进行课堂内外学习者角色的转换”（邵思源、赵蓉，2011）。总而言之，元认知策略与自主学习息息相关，在自主学习过程中起着极其重要的作用。

（二）学习资源

从教育理论、教育技术和资源建设的观点来讲，AECT(美国教育与传播学会)对学习资源的定义为大家所公认。在AECT’77定义中，学习资源分为“设计的资源”和“利用的资源”。在AECT’94定义中，学习资源是支持学习的资源，包括教学材料、支持系统、学习环境。甚至包括能帮助个人有效学习和操作的任何因素。但也有学者指出“过于强调数字化、网络化的通用型商业化学习资源建设并不能全面满足学生个性化的学习需求”（翟轶璠，2010）。因此，自主学习资源不仅要在学生自主学习过程中起参考、辅助作用，而且要满足

学生的个性化需求，并且帮助其及时地巩固知识，保证自主学习的效果。

三、问题分析

本课题共发放500份问卷，对杭州周边的7所独立学院英语专业的学生进行问卷调查，回收有效问卷共412份。通过对调查问卷进行统计分析，我们了解到学生在自主学习过程中遇到的问题有很多，包括资源方面（79%）——资源获取途径狭隘、找不到有效资源等；时间方面（60%）——不能合理安排自主学习时间、自主学习实时间利用率低等；自身约束方面（61%）——容易分心而导致学习效率低下等，但是自主学习资源方面的问题最为突出。

（一）自主学习资源的获取

基于学生本身的自主性问题，又或者是自主学习资源平台的问题，大多数学生对自主学习资源的了解较为狭隘。他们获取自主学习资源主要是依赖老师、同学的介绍、推荐，只有少部分的同学会主动地去寻找资源，开拓自己的资源获取渠道。但是，依靠别人而获取来的自主学习资源较为零散，没有清楚的脉络，学生们很难快速地了解大概内容，从而确立出自自己的学习目标。而且这些资源中必然包含各个方面的内容，对于学生们迅速找出自己所需资源也造成了一定的困难。在一定程度上讲，这不利于自主学习效率的提高。

（二）自主学习资源的应用

很少一部分学生坦言会对自主学习资源进行有效的管理与规划，比如学习资源使用进度的记录，学习资源的有效利用率的测评等。普遍存在的一个状态就是学生们对于同一个学习资源的重复使用，导致自主学习效率低下。所以，学生们在自主学习资源应用能力方面还有所欠缺，我们得采取相应的措施加以改善。

总之，“尽管这几年很多大学都成立了一些英语自主学习中心，但实际上只是几间CAI教室加上几个技术人员，离需要先进技术、大量的人力、物力支持的成熟的语言学习中心还有很大距离”（张雁、范琳，2011）。很多教师和学生还只能在教室就着教材展开有限的自主学习。主观原因加上客观原因的限制，建立合适的、系统的自主学习资源平台成了一个亟待解决的重要问题。那么，从为了保障师生具有充分选择机会的重要资源、教学对象要与教学管理者与实施者三方密切配合方面来考虑，学生参与学习资源建设将是一条必要合理的途径。这也符合高等教育出版社原副社长刘援（2012）提出的让学生“在参与中获得愉悦，在愉悦中引起共鸣，在共鸣中获得语言能力”的英语学习原则（刘援，2005)。

四、自主学习资源平台的构建策略

对于自主学习，大家都具有很大的认同感，可矛盾的是，大家的自主学习积极性普遍不高；而且在自主学习过程中遇到的问题也大都集中在资源方面。有报道也曾表示“虽然开放高职教育教学资源建设工作已经取得很大进展，但如何从支持学习者自主学习的角度进行网络学习平台设计并没有取得实质性突破”（张国民，2014）。因此，针对现在存在的资源问题，基于元认知策略，建立实时有效的自主学习资源平台十分关键。

（一）自主学习资源的获取

1. 帮助确定合适的学习目标

“目标定向在个体动机系统中发挥着重要作用”（雷雳、汪玲，2001）。所以，自主学习资源平台要有利于帮助学生们确立初步的学习目标。首先，通过资源学习指南对每个资源做一个的简单介绍，比如该资源的主要包括哪些内容，适合那个阶段的学习者使用（初级，中级，高级），需要达到什么层次等。这样一来，学生们就可以快速地从整体上把握资源，了解大致内容，从中挑选出自己有兴趣的内容；接着，给学生们提供试学习机会，让他们更进一步地了解该资源，从而更进一步地确定他们自己对此是否真的感兴趣亦或是否有能力使用并掌握该资源等；最后，根据在试学习过程中发现的问题，及时做出调整，确立出合适的学习目标。

2. 帮助选择恰当的学习资源

资源的选择与自主学习的效果相辅相成，对自主学习的效果起着十分重要的决定作用。通过对资源指南的浏览，确立学习目标后就要进行相对应的学习资源的选择，那么，一个分类规范，能满足个性化需求的资源平台对学生们来说就显得至关重要。《高等学校英语专业英语教学大纲》中提出英语本科专业学制为4年。根据英语专业教学规律，一般将4年的教学过程分为两个阶段，即：基础阶段（一年级和二年级）和高年级阶段（三年级和四年级）。在两个教学阶段中课程的安排可以有所侧重，但应将4年的教学过程视为一个整体，自始至终注意打好英语语言基本功。由此可见，对英语专业的学生而言，虽然学习的大方向不变，但处于不同阶段，根据学习目标的侧重点不同（低年级阶段的任务是培养良好的学习习惯及正确的学习方法；掌握基础性知识，进行基本技能训练，培养实际运用语言的能力，扎实基础，为进入高年级做好准备；高年级阶段的主要任务则是继续打好语言基本功，学习英语专业知识和相关专业知识；进一步扩大知识涉及面，了解文化的差异性，提高综合运用英语进行交际的能力），对于资源自然会有不同的需求；另外不同专业方向（商务，教育，文学，翻译等）的学生对资源也有着各自的需求。因此，在符合实际情况下，要根据自主学习者的个体差异性对自主学习资源进行规范分类，以便于他们在确定目标后及时地找到相对应的有效的学习资源，提高他们的自主学习的积极性。

（二）自主学习资源的应用

1. 帮助学习进程的记录

“学习进度可视化是面向单个学习者个体直观地标注学习者学习进度的一种技术，建立在知识地图的基础上，利用对知识地图中相关知识点的标注，反映学习者的学习水平”（马秀麟、赵国庆、朱艳涛，2013）。记录并显示学生们的学习进度可以让他们及时地了解自己的资源学习状况，有针对性地找出不足之处，从而提高自主学习的效率；再者，可以避免对同一个资源的多次重复学习，提高自主学习时间的有效性。反馈是维系主体和客体之间的桥梁和纽带，是自主学习过程中极为关键的一个环节，对于学习者提高学习效果起着重要作用。研究表明，“学习内容与方式的增多与反馈信息成正相关”（R·M. 加涅，1999）。设置适当的考核可以反馈出学生们在某个阶段的资源掌握情况，他们可以及时了解到自己的学习缺陷与不足，从而有利于及时改进；同时可以帮助他们对前部分知识进行回忆与巩固。

2. 进行学习目标的监控

“自主”与“监控”并非“悖论”，而是相互作用、相互依存，构成生态学意义上的“动态和谐、协调发展”的生态共同体;积极适度的自主学习监控有助于提高学习者的英语学业水平（何明霞，2012）。开展学习目标的监控，使学生们对于自己的学习目标有一个更为明确的、全面的认识，从而对于自己在自主学习过程中某些方面可能出现的问题更为警觉，能够更及时地发现，并更正、调整学习步调，更换学习资源，引导学习者根据自己的学习进度制订个性化的学习方案，这对于激发学习者的学习积极性，促进学习者有效利用时间、提高学习效果等具有重要作用。

五、结　语

随着自主学习的价值及其重要性逐渐被大家所认知，教育的重心也开始转移到发展学生能力上来，开始注重培养学生自主学习的意识，提高学生自主学习的积极性及能力。那么，对于教育领域来说，能否给学生提供一个有效的自主学习资源平台也变得十分关键。总而言之，自主学习不断地被推广，大家越来越重视自主学习资源平台的建设，也从不同的角度纷纷提出构想。但是，建立有效的自主学习资源平台仍旧还是一个任重而道远的任务，需要我们大家一起献力献策，共同努力。

参考文献

[1] Holec， H. *Autonomy and Foreign Learning*[M]. Oxford: Pergamon Press， 1981.

[2] Dickionson， L. *Self-instruction in Language Learning* [M]. Cambridge: Cambridge University Press，1987.

[3] Littlewood， W. Autonomy: An anatomy and a framework[J]. System， 1996（4）:427–435。

[4] Wenden， A.L. *Learner Strategies for Leamer Autonomy*[M]. London: Prentice–Hall Intemational，1991.

[5] 徐锦芬，朱茜. 国外语言自主学习研究30年——回顾与展望[J].外语电教学， 2013（1）:15–20.

[6] 何莲珍. 自主学习及其能力的培养[J].外语教学及研究， 2003（4）:287–289.

[7] 庞维国. 自主学习——学与教的原理和策略 [M].上海:华东师范大学出版社， 2003.

[8] 钟旭兰. 中学生英语自主学习的重要性分析[J].中学生英语：外语教学与研究， 2014（2）： 82-82.

[9] 高等学校外语专业教学指导委员会英语组. 高等学校英语专业英语教学大纲[Z]. 外语教学与研究出版

社， 2000.

[10] 陈晓湘，张昔阳. 高校英语专业学生自主学习的必要性与可行性[J].西安外国语学院报， 2003（3）:50-53.

[11] 王艳. 自主学习中的行为与成效研究[J].外语与外语教学， 2007（11）:34-37.

[12] 王晨，张旭芳. 影响大学生自主学习的原因探析[J].科教文汇， 2014（22）:23-24.

[13] 梁云霞. 元认知策略在英语阅读教学中的应用[J].甘肃教育， 2010（18）:37-37.

[14] 邵思源，赵蓉. 元认知策略与自主学习能力研究——一项对课外自选阅读项目的调查[J]. 外语电化教学，2011（5）:60-64.

[15] 翟轶璠. 高职英语自主学习资源建设研究[J].辽宁高职学报， 2010（5）:24-26.

[16] 张雁，范琳. 基于教材的英语专业自主式学习的资源开发与利用[J].宁波工程学院院报， 2011（1）:102-108.

[17] 刘援. 让英语语言能力在"体验"中升华——高教社《大学体验英语》策划思路谈[N].现代教育报・教材周刊， 2005(8).

[18] 张国民. 基于自主学习的专业教学资源库平台构建——以金融专业国家级教学资源库建设项目为例[J].职业技术教育， 2014(8):9-13.

[19] 雷雳，汪玲. 目标定向在自我调节学习中的作用[J].心理学报， 2001（4）:349-353.

[20] 马秀麟，赵国庆，朱艳涛.知识可视化与学习进度可视化在LMS中的技术实现[J].中国电化教育， 2013（1）:121-125.

[21] R・ M・ 加涅.学习的条件和教学论[M].皮连生，王映学，郑葳，等.译.上海：华东师范大学出版社，1999.

[22] 何明霞. 基于网络环境的大学英语自主学习监控理论与实践研究[D]. 上海：上海外国语大学，2012.

作者简介

张国利（1979—），女，浙江中医药大学人文社会科学学院讲师，硕士，研究方向：英语教学，E-mail：lilytcmemail@163.com。

胡婉娃（1994—），女， 浙江中医药大学人文社会科学学院在读本科生，英语专业，E-mail：1260252122@qq. com。

项目教学法在外语知识型课堂上的应用
——德语语言学课堂教学模式探索*

高　莉

（中国政法大学外国语学院，北京，102249）

【摘要】本文旨在以德语语言学课堂为例探索项目教学法在外语知识型课堂上的应用模式，并在实践过程中摸索具体的实现方式和总结取得的成效。应用结果表明，将项目教学法引入外语知识型课堂符合外语教学的基本宗旨，能够帮助实现外语人才培养的目标。

【关键词】项目教学法；德语语言学；科研能力

一、引　言

外语院校不同于语言学校，它是教学科研一体化的机构，它必须体现学术质量，它的培养目标不仅仅是能够应用外语，满足日常工作需要的一般人才，而且还要培养具有一定科研能力的学术人才（王京平，2008：5）。钱敏汝等在《当代中国德语专业教育研究报告》中指出："知识社会中我国德语教育面临的人才培养任务，即提高知识传授的效能和质量，培养立足于中国、以语言文化为根基、有多学科知识、跨学科视野、跨文化能力和勇于并善于面对理论和实践的德语人才"（钱敏汝、卫茂平等，2008：1）。可见，对于外语学习者的培养不能仅仅停留在外语技能方面，而应在此基础上开拓学生的理论视野，发展他们的理性思维和科研能力。

按照高等学校德语本科教学大纲对课程的分类，德语语言学课程属专业知识型课程，指本学科基础课程和专业性较强的知识课程（钱敏汝、卫茂平等，2008：3）。不同于传授语言技能的语言课程，德语语言学课程不限于教会具体的语言知识，而是以教授学生理解语言学的基础理论、概念和方法为目标，使学生了解德语语言的性质、功能以及它的结构，掌握德语语言的现状、变化及一般的发展规律，从更高的一个层面去认识语言的普遍规律，提高其对语言运用的反思及敏感程度，并且依托语言学的基础理论，培养学生独立的科研思维能力。因而，相比之下，德语语言学课程具有较强的理论特征，旨在培养学生的语言理论修养。同时，这门课程对于培养德语专业学生严谨的治学精神、科研意识和科研能力等都有着重要的意义。

* 基金项目：本文是"中国政法大学青年教师学术创新团队资助项目"的研究成果。

然而，在现实中，语言学课程被普遍认为是一门教学难度大、学生感到难学的课程。学生在接触这门课程之初表示之前从未听说过此类课程，接触后又认为该课程理论性强、实用性差，对这门课程的重要性估计不足。长期以来，随着经济和科技的发展以及教学理论和理念的更新，对外语教学改革的呼声很高，相关的研究也大批涌现，但主要集中在技能模块中的听、说、读、写上，尽管诸如语言学的知识型课程的重要性如上所述显而易见，而现实中该课程教学又存在亟待解决的问题和困难，但对这种侧重理论的课程教学研究和讨论仍相对不足。

笔者经过几年对德语语言学教学的摸索，深感只有在语言学这门课上，学生才能更好地学习德语的内容、思想和科学的知识，即便在短短一学期内让学生接受这门课程并将其内容消化吸收绝非易事，但语言学是很特殊的一门学问，每个人都是语言的使用者，因而，对于语言学中的任何一种理论学说，学生都应该被允许发表个人意见。语言学课堂充满了知识和智慧，它的终极目的应当是以讲授具体的理论知识为桥梁，让学生意识到语言现象的存在，将无意识的语言运用转变为有意识的驾驭语言运用，能够对它们感兴趣，并从事一定的科研活动，发表自己的见解，使自己也能融入语言研究的大环境中去。为了实现这一目的，笔者在语言学课堂上多次运用项目教学法，取得了良好的成效并受到学生的肯定。本文中，我们将重点介绍项目教学法在德语语言学课堂上的应用情况，以期抛砖引玉，与各位同人交流心得，共同探讨此类课程的教学模式。

二、项目教学法在德语语言学课堂上的应用

（一）有关“项目教学”

在德国，“项目教学”被视为外语教学改革中的一个成功尝试并为外语教师广泛应用于实践中。德国教学法专家H. J. Krumm（1991）在他的“项目教学进入德语作为外语中”一文里概括了“项目教学”的几个要素，即项目教学应该具有在交际中应用语言发现和了解新事物的具体目的，它的特点是师生共同承担一个计划。项目教学虽然是由师生共同制定计划并实施，但它首先应该由学生用自己所学到的语言知识去实施。教师所充当的角色只是学生在实施过程中的帮助者（黄克勤，2008；202）。学生在学习的过程中具有一定的自由发挥度，可以独立有效地安排自己的学习及科研活动，并在此过程中锻炼和发展独立思考的能力，提高语言表达的能力。而教师则可以使课堂变得形式多样化且更加富有启发性，促进学生创新性的发挥，帮助他们在独立科研的过程中提高彼此间的团队合作能力。

“项目教学”可以被应用于许多课程的教学当中，并根据各课程特点呈现出不同的表现形式。与实践结合比较紧密的课程可以通过项目教学的方式让学生走出课堂，进行社会调查；外语口译课堂可以通过项目教学将口译课变为语言实践的车间，给学生营造一个真实的语言环境。在词汇教学中引入项目教学可以让学生以小组形式开展对一些有文化内涵词汇的

研究，可以在此过程中寻求学习词汇的新方法。语言学课堂上应用项目教学可以深化学生对语言学理论知识的认识，提高其运用能力。项目教学法的主导思想以及对教师和学生课堂学习角色的定位十分符合德语语言学课程开设的目标。将该教学法引入德语语言学的教学实践中，目的是使学生在学习语言学基础理论的基础上以课题为导向，深化语言学某个专门领域的知识内容。并且注重中德语言文化的对比，将外语知识与母语相结合，找出其中差异，更好地认识目的语与母语。

（二）项目教学法在语言学课堂上应用的方法与策略

根据德语语言学课程的属性和特点，笔者认为在应用项目教学法的过程中可以将传统的讲授型模式和培养学生创造性思维的探究性学习相结合，学生首先学习德语语言学的理论知识和方法论，然后在此基础上自主学习，发展自己的应用能力，教学效果良好。

由于德语语言学一般开设在本科第四学期或第五学期，学生在过去的近两年时间内主要接受的是语言技能方面的训练，即听、说、读和写，并且主要是被动的外语语法的学习，还没有发展自主的探索式的学习意识。因此，教师在调动学生的自主性之前应当对其进行适当的引导，传授一些基本的科研模式和方法。比如，科学研究有哪些特点；如何在某一科研领域中发现问题或提出问题；如何收集和整理资料，可以利用的渠道有哪些；如何将收集到的资料用于解决问题；最后，如何提出自己的观点并进行合理地论证。当然，作为刚开始从事科研的本科生来讲，提出的问题不宜过于专业化，应当能够让学生联系到语言运用的生活实际，这样便于激发他们的科研兴趣。笔者依据教材内容总共选取八个课题供学生选择，分别是：生活中形形色色的符号、跨文化的语义差异、语境与语义、汉德构词法比较、汉德语法特点对比、汉德语法的文化根基、篇章是交际行为和现代德语及其发展趋势。这些课题基本涵盖了德语语言学这门课程的所有主要议题，而且紧密结合生活实际，有助于学生将学到的理论知识与实际的语言运用相结合。

项目教学法在德语语言学课堂上的具体运用步骤是：

（1）**理论铺垫**：教师先对每一章节的基础知识和语言学的研究方法进行介绍，如什么是符号和语言符号、什么是词义、对词义的研究方法有哪些、什么是语境中的语义、会话含义从何而来、德语构词法有哪些、德语的基本句型和语法特点是什么、什么是篇章、怎样描写篇章的结构等。本科阶段授课应以清楚、易懂为原则，在讲解每一个语言层次时都举出大量的实例，利用多媒体教学手段如幻灯片、音频、视频等，避免纯粹的讲书、记笔记，可以缓解学生听了过多语言理论而感到大脑疲劳，产生枯燥情绪。

（2）**分组讨论**：对学生进行分组，推选出组长，每个小组承担一个课题任务。组长带领组员讨论如何开展课题研究，怎样完成课题任务，将该任务进行分解，分成各个不同的子任务，分给小组内部成员。每个小组成员就自己的子课题内容收集、查阅相关资料，对资料进行整理，在此基础上独立进行课题研究，并形成初步的书面报告（为方便日后展示，以PPT的形式）。

（3）**初步修改完善：**在各自完成自己的部分之后，大家先在小组内讨论自己的任务成果，并相互提出意见建议，之后对其进行修改、补充和完善。最后组长收集组员的成果，按照原先的既定目标评估课题完成的总体情况。然后发给教师，教师则应花时间检查每个组员的书面报告，从内容、文字和放映效果几个方面监督报告的质量，提出修改意见，并及时反馈给每个组员。

（4）**成果展示：**组员将自己的报告修改完善后，于课堂上进行二十分钟左右的成果展示。在展示的过程中要注意运用一定的技巧方法，要顾及底下听众的接收反映效果。展示完毕后，教师和其他同学就展示的内容进行提问或点评，而报告人要尽力进行解答。当然，也会出现有漏洞的地方，即报告者尚未考虑到，但与课题是相关的知识点。这种情况实际是笔者乐于看到的，因为，一方面说明听众在听报告的过程中并不是被动地接收，而是在积极地思考，表明了大家对语言学学习的兴趣；另一方面报告人也从中获得启发，找到了后续研究的方向。

（5）**再次修改完善：**在课堂上展示完毕后，学生根据大家的反馈情况对自己的报告内容再次进行修改完善，总结此次项目学习的经验，互相交流心得。成果达到一定的完整度和成熟度后，教师可鼓励学生撰写学术论文并推荐发表，使学生的科研能力得到进一步的发展。

（6）**课程考核：**考核评价的形式由平时成绩、开卷测试和学期论文三部分构成。平时成绩主要参考学生的课堂参与情况和考勤情况；开卷测试主要是教师根据授课内容设计分析题、应用题或论述题；学期论文一般要求学生将自己在课堂上所做的报告按科研论文的格式写成论文，也可允许学生另拟题目。采用这种评价模式可以全面地考核学生的学习成效，促进该课程教学目的的达成。

（三）取得的成效

笔者在德语语言学课堂上引入项目教学法，使课堂形式更加多样化，即研讨课、个人的科研工作、小组讨论以及课堂报告相结合。以项目促进教学，取得了良好的成效。首先，从项目的开始到结束的全过程中，学生担任着主角，所有的组织和协调工作均由学生自己承担。教师是引导者和监督者。将书本知识与个人调研有机结合，锻炼了学生查找和整理资料的能力。学生在此过程中围绕课题任务独立获取了大量信息，扩充了知识。这不仅增强了学生的自主意识，而且培养了他们独立工作的能力和科研能力，为撰写科研论文打下基础。在笔者教过的学生中，已连续有两届学生参加中国政法大学学术十星论文大赛，将语言学论文作为参赛论文取得了良好的成绩并获得证书，极大地增强了学生的科研信心。其次，由于项目是以团队的形式进行，在团队中大家不仅要努力完成自己的工作，并且要学会表达自己的观点，聆听别人的意见建议，学会与他人合作和沟通，学生的团队精神和协调能力得到了培养。最后，语言表达着一个民族的精神，是民族文化的依托。通过中德对比提高了学生对目的语与本族语国家间文化差异的敏感度。对文化差异敏感度的提高也就是学生跨文化意识的提高，这种意识在日后会自觉地转化为学习者内在的知识，并用来指导与他人的交际行为。

这应当是所有外语教学最终要实现的目标，即语言学习促进跨文化交际行为。

三、结　语

教育部外指委在《关于外语专业本科教育改革的若干意见》中提出了知识能力和素质教育一体化的培养原则，强调在外语专业教学中同时注意素质教育和能力的培养。将项目教学法引入德语语言学课程中，符合这一培养原则，并达到了预期的成效。从项目的开始到结题，学生的一系列组织活动可以反映出学生的创新能力、组织能力、协调能力和动手能力。教师通过项目教学法给学生创造了机会去开发他们的潜能，激发他们自主学习和科研的意识。学生因此也有了动力认真学习语言学的基础理论知识，提高了他们的学习兴趣。在独立解决问题并最终完成任务的过程中，学生的科研能力得以锻炼和提升。并且项目以小组为单位，在小组学习的过程中必须发挥团队合作精神，锻炼了学生与他人沟通和合作的能力。

笔者的课堂实践证明，将项目教学法运用于德语语言学的课堂中可以取得良好的教学效果，符合素质教育的人才培养目标。

参考文献

[1] 黄克琴. 以项目促进教学，培养学生的自主学习能力［M］//钱敏汝，卫茂平，魏育青，孔德明.当代中国德语专业教育研究报告. 上海：上海外语教育出版社，2008.

[2] 钱敏汝，卫茂平等.当代中国德语专业教育研究报告[M].上海：上海外语教育出版社，2008.

[3] 王京平. 德语语言学教程[M].北京：外语教学与研究出版社，2003.

作者简介

高莉（1981—），女，中国政法大学外国语学院讲师，博士，研究方向：德语语言学、篇章语用学，E-mail：lauragao531@sina.com。

基于工作任务的《商务英语（翻译）》课程的设计与开发研究

王月会

（北京经济管理职业学院外语系，北京，100102）

【摘要】笔者通过在北京华云思创翻译中心进行脱产实践，对校企合作、共同设计开发基于工作任务的《商务英语（翻译）》课程进行了研究和探讨，包括课程教学目标、课堂教学任务内容及课程考核方式的设计与开发。通过研究，旨在明确本课程培养目标，提高学生的翻译水平，培养学生在实际工作岗位中进行商务翻译的能力。

【关键词】商务英语翻译；工作任务；课程设计

一、引　言

《商务英语（翻译）》课程是商务行业必备的职业技能课程，也是商务英语专业一门主要的专业必修课程。然而很多高职院校在商务英语翻译教学方面还存在一定的问题，无法完全满足社会上对商务英语翻译人才的需求。这些问题的主要表现包括教材陈旧，课程依然以理论讲解为主，教学方法单一,在教学内容上没有考虑学生未来工作岗位的实际需求，课堂教学与实际岗位工作任务之间存在明显的脱节，没有突出职业教育课程的实践性和应用性。

2014年3月至6月，笔者在北京华云思创翻译中心进行脱产实践，负责进行英汉语言之间的口译、笔译等业务工作。深入了解了企业对工作人员翻译能力的要求，通过与企业专家及本课程的教学团队反复研讨，明确本课程的培养目标和培养规格，确定本课程的设计与开发。

二、《商务英语（翻译）》课程开发的基本思路

课程的开发首先是教学团队和企业专家一起，根据本专业的人才培养目标，结合市场需求和岗位需求，对本专业目标岗位要承担的典型翻译任务进行提炼并确认核心的能力要求。

1. 教学目标的设计与开发

《商务英语（翻译）》课程的培养目标以培养学生在实际工作中解决商务翻译方面问题的能力为中心，以学以致用为原则，以任务项目教学法为主线，培养学生的基本翻译技能，强化学生对商务应用文中不同类型文本的翻译能力。

2. 课堂教学的设计与开发

（1）教学内容的设计

《商务英语（翻译）》课程首先在教学内容上确立以“实用为主、够用为度”为原则。教学团队和企业专家一起针对今后学生工作岗位所面临的翻译任务进行研讨。确定这些岗位所涉及的翻译任务为不同的商务文本包括名片翻译、商标翻译、企业简介翻译、产品说明书翻译、广告翻译、陪同翻译及商务合同翻译等。

在课堂教学中，把不同商务文本设计成典型的翻译任务。将单项的翻译技巧如音译法、意译法、直译法等的讲解融入文本翻译教学中，从简单的翻译任务如名片、传真到较难的翻译任务如商务信函和商务广告等。按商务文本组织的教学内容，每个不同类型的商务文本就是一个大的翻译任务。学生通过实践性训练，模拟真实的商务工作任务，来不断提升自身的翻译能力。同时，依翻译的难易程度循序渐进，既可以使学生掌握实用的翻译技巧，熟悉公司企业的常用文本类型，也能够让学生消除畏难情绪，保持学习的兴趣。

翻译任务

No.	Task
1	Business Cards (翻译名片)
2	Signs (标识)
3	Trademarks (翻译商标)
4	Organizations (翻译组织机构)
5	Company Introduction (翻译公司简介)
6	Products Description (翻译产品说明)
7	Advertisements (翻译广告)
8	Business Letters (翻译商务信函)
9	Business Reports (翻译商务报告)
10	Business Contracts (翻译商务合同)

（2）教学内容的实施

学生以翻译团队/小组的方式完成教师布置的翻译任务。小组的构成采取教师分组和自由选择相结合的原则。教师分组时充分考虑到学生的个体差异，包括成绩、性别、兴趣、学习动机等。这些个体差异能够使合作小组成员之间产生信息差（information-gap）和互补性。固定小组分组一次可持续4~6周。每组确定一名组长，组内其他成员要有明确的分工。有时也可以采取随意分组。比如对同一话题感兴趣的学生自愿结组，以增加学习兴趣和学习的责任感。这种翻译任务型教学能够最大限度地让学生参与教学，培养学生学习能力和语言应用能力，使学生在互动式学习环境中掌握翻译技巧，培养学生的学习兴趣。

（3）课程的教学手段

在网络信息时代的今天，现代信息技术的应用已经成为教育中不可或缺的要素。商务英语翻译实训部分主要在商务英语模拟实训室进行。实训室教学主要包括两个方面：一是应用一些翻译教学软件进行翻译技巧和能力的训练；二是以教学内容设定相关翻译任务让学生来完成。通过大量的实操练习，解决学生存在的问题。

3. 考核方式的设计与开发

课程考核注重评价的多元性，突出对职业知识、职业技能与职业素养的评价。考核方式以形成性考核（60%）为主，对学生参与翻译任务的综合表现和完成课业的情况进行综合考评。形成性评价（60%）包括项目任务考核（task）(30%)、成长档案袋（翻译练习）（portfolio）(10%)、出勤及课堂表现（20%）其中形成性评价中教师评价（70%）、学生互评（20%）、学生自评（10%）。

三、《商务英语（翻译）》课程设计与开发的特色与创新

1. 校企合作开发设计课程

本课程是校企合作、根据本专业人才培养目标、结合市场需求和岗位需求，共同研究开发设计。企业专家与教学团队一起对本专业目标岗位要承担的典型翻译任务进行提炼并确认核心的能力要求。

2. 以商务文本和任务为中心组织教学

《商务英语（翻译）》课程以商务文本和翻译任务为中心组织课程内容，实行基于工作任务的“教学做一体化”训练模式，强调了课程的实践性、应用性和职业性。以学生为中心来设计任务，让学生在完成任务的同时能够掌握工作岗位所需要的能力，通过亲身的体验，让学生从被动变为主动，在完成具体翻译任务的过程中提高翻译能力。

3. 采用现代化教学设备

在商务模拟实训室中，利用翻译软件进行翻译仿真训练，有利于激发学习者的学习动机，提高学习兴趣，促使学生积极、主动参与翻译学习的全过程，体验运用已有知识建构新知识以解决真实情境中问题的满足感和成就感。

4. 将考核融入教学过程当中

既重视专业知识和技能，又重视学生职业态度，实行“知识+技能+态度”的形成性考核与终结性考试相结合的模式。

四、结　语

在商务英语翻译课程的开发和设计上，要结合本专业的人才培养目标，根据人才培养的岗位需求来设计教学内容。通过翻译任务的设计以及模拟真实情境的实训，切实提高学生的翻译水平，培养学生在实际工作岗位中进行商务翻译的能力。

参考文献

[1] 姜大源．职业教育学研究新论 [M]．北京：教育科学出版社，2007

[2] 马玲玲．基于工作过程的商务英语课程改革 [J]．中国电力教育 2010（4）：209-210.

[3] 邱晓红．基于项目课程下高职商务英语改革研究[D]．上海：华东师范大学, 2007.

[4] 乔玉，张建庄．基于工作流程的高职商务英语翻译教学模式[J].职教论坛, 2010（2）: 236-236.

[5] 韩敏．高职商务英语翻译课程"教学做一体"教学模式探索[J]．教育与职业 2013（8）:131-132.

[6] 张剑．高职商务英语翻译课程项目化实训的探索 [J]．宁波教育学院学 2012（4）:48-50.

作者简介

王月会（1976—），女，北京经济管理职业学院副教授，硕士研究生，研究方向：第二语言习得研究，E-mail: yuehuiwang@biem.edu.cn。

关于《越南历史与中越交往》课程的思考

钟　娇　张甜甜

（红河学院国际学院，云南蒙自，661199）

【摘要】由于红河学院的地缘优势，《越南历史与中越交往》成为我校一门通识选修课，而因为师资不足、无教材等也给该课程的教学带来一些困难。但是任课教师认真查阅资料、精心设计教学形式和内容，学生通过对该课程的学习，进一步提高了自主学习能力、思辨能力和跨文化交际能力。

【关键词】通识选修；培养目标；应用型人才

随着科技和经济的迅速发展，社会对人才的需求正在发生着深刻的变化，为了培养适应社会发展需求的复合型、应用型人才，各高校重视通识教育，为完善学生知识、能力、素质结构而面向全校学生开设了一系列的通识教育选修课程。《越南历史与中越交往》在红河学院的通识选修课课程体系中占有较为重要的地位。

一、《越南历史与中越交往》课程的指导思想

当今世界已经进入全球一体化的知识经济时代，在这科学技术迅速发展、信息急剧增长的时代，21世纪的中国社会正处于一个重要的转型时期，全球化和信息化的凸现是我国当前社会最为鲜明的变化。社会转型过程中的深刻变革以及对人的生存方式所产生的渗透式影响，造成了现有教育的不适应。据教育部统计，随着大学扩招的展开，大学生人数正以每年近百万的数量高速增长。而"批量生产"的大学生越来越无法满足当今社会发展的需要。当今社会所需要的是不仅要有扎实的专业知识，还应具有良好的心理素质和社交协作能力以及适应时代发展的创新能力、全面发展的复合型人才。为了适应目前全世界范围内知识和技能的综合化发展趋势，就必须培养出与之相适应的复合型人才，只有这样，才能紧跟时代步伐，适应社会主义市场经济发展的要求，满足人才市场的需求。

人才培养、科学研究和服务社会是大学的三大职能，而人才培养是三大职能的核心和基础，人才培养质量直接影响着高校的竞争力。2003年4月，经教育部批准，红河学院由蒙自师范高等专科学校和云南广播电视大学红河分校合并组建而成。升本以来，学校坚持"立足红河，服务云南，辐射东南亚、南亚的较高水平的区域性、国际化的地方综合大学"的办学定位、"培养具有国际视野和服务区域经济社会发展的应用型人才"的培养目标和"地方性、民族性、国际化"的特色发展战略。近年来，在高校不断扩招、专业同构现象严重、就业困难、教育市场竞争日益激烈的形势下，红河学院更加明确了自己的培养目标。学校紧紧围绕

培养“应用型人才”这一目标，特别注重知识构建、能力培养和素质锻炼。知识构建方面，注意知识的广度和深度，不仅培养学生具有扎实的专业基础知识还要有过硬的应用性知识；能力培养方面，既要培养学生知识、技术、专业的实践应用能力，又要培养学生运用知识进行创新的能力；素质锻炼方面，注重培养学生较高的专业素质和一定的非专业素质。

红河学院是云南省距中越边境最近的一所大学，同时也是滇越大通道上重要的人才培养和科学研究基地。为了开阔我校学生的国际视野，学校将《越南概况》《越南文化礼仪》《越南艺术欣赏》《越南历史与中越交往》等多门课程列入通识选修课，让学生了解越南政治、经济、历史、文化等知识，进一步提高学生跨文化交际能力与思辨能力，增强学生国际学习和国际竞争意识。

二、《越南历史与中越交往》课程的目的和要求

（一）《越南历史与中越交往》课程的目的

《越南历史与中越交往》课程于2010年正式作为全校通识选修课开设，旨在让学生了解越南古代史、近代史、现代史以及每一段历史时期里中越两国错综复杂的关系，了解每一个历史时期越南的政治、经济、文化等知识。同时，联系课程相关知识，结合中越两国的时事新闻，引导学生对两国之间敏感、热点问题进行探讨分析。学生通过对该课程的学习，获得历史基本知识和技能，初步了解越南社会历史以及中越关系发展历程，逐步学会运用历史唯物主义观点分析问题、解决问题；学生通过该课程的学习，增强爱国主义情感，继承和发扬中华民族的优秀文化传统，树立民族自尊心和自信心，初步形成正确的国际意识，理解和尊重其他国家和民族所创造的文明成果；学生通过该课程的学习，学会从人类社会历史发展的曲折历程中理解人生的价值和意义，逐渐形成正确的世界观、人生观和价值观。

《越南历史与中越交往》课程教学的意义不仅仅局限于教会学生越南历史和中越交往的相关知识，更重要的是潜移默化地影响学生的情绪、情感、情操，他们对世界的感受、思考及表达方式，并最终成为他们精神世界中最深层、最基本的东西——积极的人生观和价值观。

（二）《越南历史与中越交往》课程的要求

《越南历史与中越交往》课程为2.0个学分，周学时为2学时，总学时为36学时，春秋两个学期均开设该课程。该课程作为一门通识选修课，是以历史教学理论为指导，以越南历史基本知识、中越两国关系为主要内容，并集多种教学模式和教学手段为一体的教学体系。

该课程的教学目标是培养学生的自主学习能力、历史思辨能力和跨文化交际能力，使他们在以后的学习、工作和社会交流中能用历史唯物主义观点分析问题、解决问题，同时增强其自主学习能力和跨文化交际能力，提高综合文化素养，以适应我国社会发展和国际交流的需要。

根据学校的办学定位、类型和人才培养目标，结合学校“以学生为中心”的教学模式，

该课程有以下几点要求：

1. 提高学生的自主学习能力

大部分学生对越南历史和中越关系了解甚少，或者说有少数学生根本不了解越南历史和中越关系，所以老师会把下一次课要讲的内容提前布置给学生，让学生自己去查阅相关资料，并指定2～3名学生把所查阅的资料制作成PPT在下一次课的前15分钟展示给大家，教师对学生所讲内容进行点评并提问，让学生带着问题进入到教师的讲解中。这样不仅有利于提高学生学习的积极性，让学生积极参与到课堂教学中来，还有助于学生对越南历史知识和中越关系的掌握。

2. 提高学生的历史思辨能力

分组讨论，个别展示。教师根据学生所学专业不同有意识地将学生分组，一个组一般为5～8人，一般是学国际政治、经济学、历史学等专业的学生搭配艺术类专业的学生，让每一个学生都参与进来讨论，让能者发挥带头作用，也让差者展示自己，培养学生积极主动参与的意识，突出学生的主体地位。

课堂辩论。针对越南历史发展中的一些改革、制度或中越两国一些敏感问题进行辩论，通过辩论，让学生的思路更清晰，观点更明确。

期中写历史小论文。根据前期所学内容，设计一些论题，引导学生根据自己的学习进行资料的收集，运用历史唯物主义和历史辩证法等，根据自己的合乎科学的是非标准，来评判历史事物与现实事物，写出历史小论文。这样能更好地培养学生的分析问题、解决问题的能力，这也就是历史思辨能力的培养，这也是学生自主学习、自我感悟、自我创造的过程。

3. 提高学生的跨文化交际能力

在教学过程中，通过讲解越南历史及中越两国关系，分析两国文化异同，如服饰文化、饮食文化、节日文化等，从而树立跨文化意识，提高跨文化交际能力。

三、《越南历史与中越交往》课程的成效、不足及整改措施

1.《越南历史与中越交往》课程的成效

（1）扩宽教师知识面

任课教师都不是历史学专业的，所以要上好这门课，教师必须具备一定的历史专业知识基础，辅之以大量的文学、法学、政治学、经济学等人文社会科学知识为后盾，这样，才能拥有丰富的信息量和深刻的剖析事理的能力。而这些都需要任课教师不断阅读相关学术著作，读书就是输入，足够的输入量才能满足对学生的输出。所以任课教师通过对该课程的教学，不仅更加深入地了解越南历史与中越关系，还增长了学识，开阔了眼界，为其他课程的教学奠定了一定的基础。

（2）开阔学生国际视野

学生通过课前自主学习、分组讨论、课堂辩论、写小论文和教师讲解，对越南历史和中越关系的人物、事件，对越南历史和中越关系的发展历程与规律有了一定的了解，扩大了学生的知识面，增长见识，培养良好的思维能力。在学习了越南历史与中越关系的演变之后，学生看待中越问题的角度也发生了变化，学生能一分为二地看问题，坚持历史客观、实事求是的态度，进一步提高了思辨能力。

2.《越南历史与中越交往》课程的不足

（1）师资方面。一方面，由于任课教师职称低、教学经验不够丰富，该课程的教学准备、实施等方面还不够完善。另一方面，任该课程教师均为年轻教师，对越南历史与中越交往方面的知识研究不够透彻，讲解较粗浅。由于师资不足，有时让非越南语专业教师进行授课，对教学效果有所影响。

（2）教材方面。由于该课程的教材还不够完善，各个教师上课的教学内容上也不太一致。因为，在教材基础之上补充的内容，都是教师自己阅读相关书籍、上网收集相关资料后整理的。

（3）学生方面。部分学生对该课程的学习动机不是真正地对该课程感兴趣而是为了混学分，学生选课具有随意性、盲目性和从众心理，这部分学生在学习的过程中一般缺乏学习的主动性，懒于动脑筋思考。

3. 整改措施

（1）师资方面。首先，任课教师要深刻理解《越南历史与中越交往》课程内容和要求，准确把握教学的重点和难点，更好地达到教学目标；其次，任课教师需不断深化自己的越南语专业知识，不断探索和改进自己的教学方法，提高教学质量；最后，任课教师之间需加强沟通与交流，集体备课，进一步完善课程内容、教学方法等，并结合各类相关课程资源实现课程的再开发。

（2）教材方面。合理、有效地利用现成的教学资源，从学生实际出发，科学、合理地增加一些教学资源，扩宽学生的知识面。找一些典型的或热门的事件、人物等进行分析，引导学生从中发现问题并解决问题，逐步形成对史料、史实和史观的证据意识和科学意识，进一步提高历史思辨能力。

（3）学生方面。培养学生良好的学习方法是提升学习能力的前提，了较学生的认知心理规律，重视学习过程中学生的内心感受和自我体验的客观影响，着力培养学生的研究性学习方式，让学生参与历史学习的实践活动，通过自主收集史料、提取信息、交流成果等活动提高学生学习的积极性和自主学习意识。

四、结　语

通识选修课程是按照因材施教的原则，为完善学生知识、能力、素质结构而面向全校学生开设的课程，是高校课程体系中一个重要的组成部分，对培养复合型、应用型人才具有重要的意义。希望学校解决师资不足的问题，鼓励选修课教师自编教材，解决教学资源和教学管理上存在的问题，教师加强内功的“修炼”，积极引导学生参与到教学中来，提高学生的自主学习能力、思辨能力和跨文化交际能力，逐步完善我们的通识选修课课程体系，提高选修课质量，培养出更多的复合型、应用型人才。

参考文献

[1] 张海龙．对如何提高高校公共选修课质量的思考[J]．长春工业大学学报，2006(4)：74–76.

[2] 李德藻．历史学科的特征与教学创新[J]．历史研究，2002（7）：27–28.

[3] 焦炜．我国高等教育通识课程设置与实施的问题及对策[J]. 当代教育科学，2012（3）：18–19.

[4] 蒋宗珍．高等通识教育选修课程设置的现状与改革[J]．重庆教育学院学报，2008（3）：86–87.

作者简介

钟娇（1987—），女，红河学院国际学院助教，硕士，研究方向：越南语语言学、翻译，E–mail:435413349@qq.com。

张甜甜（1988—）女，红河学院国际学院助教，硕士，研究方向：越南语语言学及教学，E–mail:236702253@qq.com。

赏识教育在军校成人大学英语教学中的应用探析

包 慧

（中国人民武装警察部队学院基础部英语教研室，河北廊坊，065000）

【摘要】赏识教育作为一种以人为本，能够体现人文关怀的新型教育理念，在教育、教学中得到了充分的认可。它是使教育者用欣赏、赞扬、包容的方法去激发、挖掘、认可受教育者自身潜能的一种教育，同时也是发挥学生主体性的教学改革的需要。依据心理学、教育学的相关理论和研究，我们不难发现在英语教学中赏识教育是非常适用的。在面对军校成人大学英语教学对象这一相对特殊的群体时，本文探讨并分析了赏识教育运用的必要性、具体方法和需要注意的问题。

【关键词】赏识教育；军校成人教育；英语教学；应用

军校成人教育主要针对战士考学的学员，战士学员由于入学前英语受教育水平不一，导致英语水平参差不齐，入学后由于语言环境较为单一，外语应用、交流机会较少，使不少学员在大学英语学习中，不能正确地认识自我，无法找到自身优势，无力解决学习中的困难，从而导致厌学、抵触，甚至恐惧的心理，对英语学习造成了极大的负面影响。赏识教育重点强调教师教育引导的一个重要环节是要学会赏识学生，做到正确认识学生、评价学生。在引导学习过程中，教师用赏识的眼光注视每一位学生，增强学生的主体地位，充分调动学生学习积极性，激发学生的学习兴趣，让学生始终保持一种愉快的情感，使学生自觉、主动地投入学习的过程中，形成和谐的学习气氛。

教师作为赏识教育的实施者，其主要的导向作用就在于在心灵深处坚信学生能行，宽容的承认差异，允许失败。因为在此学习阶段的学生，已经在思维模式、习惯养成、观念把握上形成了一定的自我评价系统，所以教师应该在一定程度上摒弃“惩罚”教育，通过赏识型动机激励模式，最大限度地促进学生学习能力和思维能力的成长，同时也要注意“度”的把握，努力避免不恰当的“表扬”所产生的负面影响。对教者言，授业解惑、教书育人，我们有责任引导学生重视英语学习，使其端正态度，确定学习目标。教无定法，但对具体的人，具体的教材的处理要有一定的方法。笔者在教学实践中，通过反思深刻体会到了赏识教育对于军校成人英语教学的重要性和必要性。对战士学员实施赏识教育，在认知和情感并重的教育理念下，激发学生的非智力因素，让学生“乐学”“学有所得”是行之有效的教育方式。

一、赏识教育的实质及其原则

人类本质中最本质的需要是“渴望被赏识”，这是赏识教育的根本出发点。赏识是指充分认识到人的积极因素和优点，并加以肯定、赞赏和表扬。赏识教育是在承认差异、尊重差异的基础上产生的一种新的教育理念，是激发人的潜能，发挥其自我价值的一种新的教育模式。赏识，其本质是爱。学会赏识，就是学会去爱。美国心理学家威廉・詹姆斯曾指出："人性最深刻的原则就是希望别人对自己加以赏识。这也是人类之所以区别于动物的地方。"赏识教育是实施素质教育的一种重要而有效的教育方式。根据曾文波的研究，赏识教育应该有以下几个原则：

1. 尊重原则。尊重是教育的前提，要平等地对待学生，重视他们的生存权、发展权、教育权。尊重学生个性就是尊重人类本身。尊重学生个性，就是承认学生差异、尊重学生差异。

2. 信任原则。信任每一个学生，相信学生是有能力的，对他们都给予殷切的期望。

3. 理解原则。理解学生都有自己的个性，都有他们的长处，教师要与学生换位思考，互相交流，做学生的知心朋友。

4. 激励原则。发现学生的长处，开发他们的潜力，分享学生的进步，与学生共同成长。

5. 宽容原则。学生没有进步应反思教师的行为，允许失败。在宽容中提醒、等待学生的成功。

6. 提醒原则。赏识教育不等于不批评学生，教师要学会批评，讲究批评的艺术，让批评变为鞭策学生的教育方式。

二、赏识教育的理论根源

赏识教育的理论告诉我们，赏识教育符合学生的心理发展特征，能够激发学生的潜力，能够满足学生内心深处的需求。这样培养出来的学生更能经受挫折，而不是温室中的花朵。

在赏识教育理论里，很多人认为赏识教育是著名的家庭教育实践者周弘先生在对教育聋哑女儿成长过程中成功发展的理论。其实，赏识教育既是一种教育理念，也是一种教育方法，并不是周弘先生提出的，他只是运用了这种方法，最终创造了特殊的教育奇迹。

赏识教育的理论渊源应起源于马斯洛的需求层次理论。马斯洛需求层次理论（Maslow's hierarchy of needs），亦称"基本需求层次理论"，是行为科学的理论之一，由美国心理学家亚伯拉罕・马斯洛于1943年在《人类激励理论》论文中所提出。它是研究组织激励（motivation）时应用最广泛的理论。该理论将需求分为五种，像阶梯一样从低到高，按层次逐级递升，分别为：生理上的需求，安全上的需求，情感和归属的需求，尊重的需求，自我实现的需求。马斯洛的"需要层次"理论告诉我们，人类除最基本的生理、安全需要外，更高层次的需求就是对尊重的需求，希望得到他人的肯定和赞赏，得到社会的肯定性评价,这是人类的最高需要。教育心理学家还认为，可望被别人信任、被重视、被看得起是学龄儿童和青少年最大的心理需求。尤其是处在学习高峰的大学期间，学生的自我意识不断增强，特别希望得到别人的羡慕、好感和赞扬，渴望得到老师和其他成人的尊重便成为这一年龄段的第一心理需求，与此同时也是他们获得良好的自主学习机制和培养良好自身素养的重要阶段。美国作家戴尔·卡耐基在《人性的弱点，人性的优点》一书中也谈道："谈到改变一个人，你是否想过，只要我们不吝于向周围的人表示称赞和鼓励，激发他们的潜力，那我们很可能改变的不只是他当时的想法，而是他一生的命运！"

三、赏识教育在军校成人大学英语教学中的意义

英语课程作为应试教育的必修课程，在大学期间得以继续学习。而在大学英语教学中，英语课程除了作为大学基础必修课程得以继续学习以外，其实质是作为一门语言工具。在大学学习当中，更多的是帮助学生掌握一门语言工具，一项技能，特别是对于军校成人教育的学生而言，大学英语基础课程所面对的都是有着一些有着特殊技能的官兵战士。

成人大学生虽然心里较为成熟，认识事物的能力较强，但只要你对他们的赏识是真诚的，是发自内心的，还是会被他们所接受，并对他们产生积极的影响。以我校为例来分析，成人教育的对象为从基层部队通过考试选拔来上来的消防官兵，英语并不是他们今后工作的本质。但是英语可以帮助他们阅读更多、更广泛的消防资料，理解更多国内外先进的消防理论，更好地去使用和掌握更先进的消防器材和设施。从这一点而言，英语就是他们在大学学习期间必不可少的一门基础课程。在大学学习期间，大学英语一般要安排四个学期，所以学生与英语教师相处的时间相对较长些。这些来自基层的战士学员，他们的英语基础相对薄弱，但是他们有着比普通本科学员相对成熟的心理环境。虽然有着相对丰富的从军经历，他们的心智却正处在从未成熟走向成熟的转变过程中，因此他们具有成年和未成年的双重特点。他们既渴望独立，又尚未完全脱离对老师的依赖；他们看待问题有自己独特的视角，又并未将问题全面看透，有一定的主观性和片面性；他们既不想被他人对自己的看法所左右，又很希望得到他人的肯定和赞赏；他们表面上有成年人的坚强，内心有时却非常脆弱。其实无论是未成年的中小学生还是成年的大学生，他们在心灵最深处都是渴望得到赏识的。

四、赏识教育在军校成人大学英语教学中的运用

1. 明确适用于成人教育的英语教育观

在英语用于应试教育的很长一段时间里，它普遍使用的是注入式、纯分析式等教学方式，这些教学方式存在很多的弊端，在教学形式上往往是"填鸭式"，课堂教学中以教师为主体满堂灌，从讲解语法机构到单词用法，学生机械呆板地死记硬背，缺乏一种生动活泼、和谐向上的师生互动的教学情境，其结果是学生只能看英语、写英语而不能说英语，背离了学生学习英语是要掌握一门语言工具，为的是用这门工具去更多阅读、思考和解决问题的初

衷。学生没能掌握一种新的语言系统，达到进行实际语言交际的目的，而只能是单纯地应付考试。对于军校学员来说，英语是一门过渡性语言，它既不是母语的翻译，也不是将来要学好的目标语。语言错误是英语学习过程中的必经阶段，它比会经历“出错—无意识出错—出错—意识出错—出错—自我纠正错误”这个规律，这是对每一个英语学习者的必经之路。没有这个过程就达不到流利的程度。因此，笔者在对成人本科的大学英语教学中，鼓励学生不怕出错，应该换一种心态，来倾听学生支离破碎的英语，并给予理解。在鼓励的前提下进行必要的纠正，这样就既保证了他们学习英语的准确性，也培养了他们学习英语的热情。这样的赏识教育观用在笔者所从事的成人本科教学当中，颇为有效。这不仅是知识的传授，同时也有利于素质教育的发展。可见，恰当和适用的教学方法能直接影响到学生的学习效果和自身成长。而教学方式又是由我们作为英语教师的教育思想所决定的。因此，确立恰当适用的英语教育观是开展素质教育，进行大学英语教学改革，贯彻赏识教育理念的当务之急。

2. 建立平等、融洽的师生关系体现了赏识教育的基本原则

前面我们提到了赏识教育的基本原则，它包括尊重原则、信任原则、理解原则、激励原则和宽容原则。良好的师生关系是遵循赏识教育基本原则的根本。亲其师，则信其道。教师的这种赏识、这种爱，使师生关系和谐融洽。教师关注学生，关注他们的喜怒哀乐，关注他们的情绪和情感生活，一个肯定的眼神，一个宽容的微笑，一个和蔼的动作，都能拉近师生间的距离。教育者在教学中，以学生为主体，这种赏识教育是一种新型的课堂教学模式，它总是能最大限度地发挥学生的主体性，提高学生的学习兴趣和学习效率。教师乐教，学生乐学，一派其乐融融的学习氛围。

军校成人本科学员是从战士通过考学来学习的，他们大多高中没有毕业就参军服役。在部队历练的两年里，人生阅历有所丰富，但文化课大多相对薄弱。他们有的缺乏学习的毅力；有的自暴自弃，遇到困难就放弃求学的欲望，放任自己；有的倦怠松懈；有的觉得自己的业务干好了，学不学好文化课都是无关紧要的。这些消极的思想是不利于学习的。虽然我们评价一个学员不能单单从学习成绩方面，但这至少可以看出他们在某些方面是有缺陷的。因此我们必须注意与学生情感沟通和交流的方式、时间、场合。有些情感沟通可以面向全体，有些就需要个别沟通。在这期间，我们还要注意“度”的把握，不要让过分的赏识偏离了我们的初衷。比如，有的学生自尊心很强，平时学习较好，经常受到老师的表扬。若他偶尔犯错，教师当着全班同学的面批评他，他会感到没面子，自尊心受到伤害，甚至会产生逆反心理，这样可能很长一段时间都会使这个学生对老师产生抵触情绪，甚至影响他学习上的进步。当有些基础相对薄弱，但上课认真听讲、积极回答问题、乐于和老师互动的同学发言出错时，往往会惹来别的同学的讥讽，这时候教师就应该制止这种现象。否则，有些胆小又缺乏自信的同学就更不可能开口发言了。

对学生的错误要多宽容，多用鼓励性语言。多赞美，少批评。尤其是在英语视听说课程

上，要善于发现学生的优点，了解学生的长处，并加以真诚的赞美，被接受、被认同的心理会使他们体会学习的成功与快乐。每一名学生得到老师的认可都会产生积极向上的正能量。因为学生都有表现欲，得到的认可越多，就希望做得越好。慢慢地，他们的行为习惯、思想表现、知识水平就会越来越接近教师的期望值。当学生回答时，教师给予及时的肯定和鼓励（如Great, Wonderful, Well done 等 ）。即使学生回答错了，教师也要给予帮助，并给予鼓励（如Try it again, Think it over 等）。教师的话语会给学生带来成功的喜悦，从而不断增强交际的自信心，这样的教师才能与学生建立良好的师生关系。

3. 课堂激励教学和课下有效评价都是赏识教育行之有效的渠道

在英语课堂上，作为主导者的教师还是应当充满激情地实施教学，这样才能调动整个课堂的气氛，才能充分调动学生的感情因素。在军校里，战士学员英语成绩好的占比例较小，教师面对的大部分都是基础薄弱的学生。因此在教学过程中，教师如不搞活课堂气氛，加强对学生的刺激，学生势必会将本应用英语思考的问题加入汉语思维，汉语的介入就妨碍了学生“用英语想英语”的模式，使学生用英语的能力得不到提高。例如，在每个单元的小测时，我们需对学生最基本的词汇记忆和语句运用进行考察，这不需单单局限于单词听写或者是句子翻译这样的形式。这样的形式枯燥、守旧，有的学生为了应付，把希望寄于小测作弊当中，这样是一种自欺欺人的表现。那么对于这样的情况，教师可通过类似游戏的方式考查同学们的学习。教师可从本单元所涉及的认知词汇和技能词汇中挑选出相对重要的单词或短语，将他们写在卡片上。与此同时告诉学生本次考察的范围限于本单元所涉及的以及老师上课强调的所有重点词汇和短语，但并不给其规定具体范围。以每一个班级为单位展开比赛，每组有一名同学上来猜词，该同学不可看到卡片上出现的词汇，同组同学只能用英语对卡片上所出现的词汇或短语进行解释，也可以通过身势语来加以帮助。这样“游戏式”的词汇考察，不但使同学们自己学会总结归纳课堂重点，提高课堂听讲的认真度，同时也锻炼同学们用“英语思考英语”，张开嘴去说、去描述，不再是“哑巴英语”。更甚者，我们知道在语言交际里面，身势语也是行之有效的办法。有些时候，身势语起到的是“此时无声胜有声”的效果。英语教学应当注意方式的新颖多样，教师要更多地关注学生，动态化处理课堂教学，不要完全依赖教材和课本。就像我们在猜词环节中所提到的，多采用合作式学习，培养合作精神。在英语教学中，组织学生运用pair-work、group-work或team work等方式进行合作。这样小组内优势互补，互相帮助，有利于共同提高。他们共同努力完成老师做布置的各项任务，每个人的努力都能够得到认可，由此学生就会有一种被重视、被接受和被尊重的感受，自尊心得到大大的增强。这样也可以使那些基础较差、存在侥幸心理的“落后生”们也充满责任感和集体荣誉感，积极地加入“大队伍”当中。这样的学习是通过学生主动参加、主动构建知识来完成的，因此所学知识容易得到掌握，而且获取的知识必然印象深刻。除了教学方面，这样的教学方法也给素质教育做出了贡献，让同学们体会了何为责任感，并增强了合作意识。众所周知，在今后的工作当中，这样的素质是必不可少的。

对成人教育来说，课下的评价机制也是极为必要的。教师需把及时评价和终结评价有机地结合起来，制订能够满足学生基本学习需求、宽泛的评价标准。以形成性评价为主，注重培养和激发学生学习的积极性和自信心。首先，作业或考试就是很重要的环节。教师课下面对的是学生的作业或者试卷，而非其本人，但是可从中看出他们的学习态度、用心程度，自然还可以了解他们的优点与不足。这些信息一方面能帮助教师制订教学方法；另一方面也能将教师的认可和建议以一定方式传达给学生。例如："Go ahead!" "Well done!" "You could make more progress in English"，这些评价都可以有效地对学生起到赏识、激励的作用。其次，定期的答疑使师生有了面对面单独交流的机会，也使教师有了对学生进行针对性辅导和赏识的机会。教师应好好利用答疑时间，为学生解答学习上的难题，帮助他们找出思考问题和解决问题时出现的错误，鼓励他们培养独立思考和解决问题的信心和能力。教师还可以利用与学生聊天的机会了解和解决他们在学习中的疑问和困难，一起探讨一些英语的学习方法，鼓励、帮助学生学好英语。

4. 采用不同层次教学方法是更好贯彻赏识教育的有效方法

在军校成人大学英语教学中，必须在教学中注意不同层次。按照美国哈佛大学心理学家加德纳的多元智能理论分析：每个学生都有自己的优势智力领域，有各自适应的学习方法和发展方向。作为教师，应全面开发每个人大脑里的各种智能。成人学员有一定的生活阅历，工作经验，我们应该帮助他们客观地看待自己各方面的能力，使他们懂得如何发挥自己的长处。在成人英语教学中，我经常采用分组分层法，这样更容易开发学员个人潜能，创设群体赏识。在教学实践中，教师要注意不要"一锅烩"，针对不同水平的同学要有不同的教育方法和教学手段。在课堂提问中，对于基础薄弱的学生应当设计一些相对简单的问题，便于其回答。回答上了，应及时表扬、肯定；回答不上，也不要勉为其难，换一个学生再回答，可给予适当的启示和理解。当然，对于相对基础较好的学生，设计的问题或提出的要求要相对难一些、高一些。这样既拔高了尖子生的水平，又提高了课堂的整体教学，也为全体同学的进步奠定基础。如此看来，这就需要教师对每一位学生都要做到细致的观察和充分的了解，对学生的要求不宜过高，也不宜过低。过低的要求易使学生放松对自己的要求，也会让学生觉得教师小视自己；过高的要求则会超出了学生的实际能力，学生经过努力也无法达到，这就会使学生产生畏难情绪，学习英语的积极性也会受到挫伤。所以，教师要针对每一名学生有不同的安排，根据每名学生的差异给予不同的期望。如果能让每一个学生在自己原有的基础上发展的更好一些，也就达到了赏识教育的目的。

总之，有诸多因素影响和制约着军校成人大学英语教学质量的提高，但是只要教师不断地改革教学方法，在教学和生活中有意识地运用赏识教育，尊重学生，对所有学生都树立良好的期待，和睦施教，定会取得事半功倍的效果。从而也和素质教育并道而行，给学生带来受益颇深的教学效果。

参考文献

[1] 崔学鸿. 赏识教育出论[M].合肥：安徽大学出版社，2003.

[2] 曾文泼. 赏识教育应注意的几个原则[J].湖南教育，2004(11):28–29.

[3] 周弘. 赏识你的孩子[M]. 广州：广东科技出版社，2004.

[4] 刘喆. 马斯洛的需求层次理论在高校实践教学上的应用[J].经济研究导刊，2013(6)：310–312

[5] 戴尔·卡耐基. 人性的弱点·人性的优点[M]. 北京：中国发展出版社，2002.

[6] 魏书生、刘继才，等. 素质教育理论与教学模式[M]. 沈阳：东北大学出版社，1997.

[7] 袁振国. 当代教育学[M]. 天津：教育科学出版社，2004.

[8] 李镇西. 做最好的老师[M]. 北京：文化艺术出版社，2013.

作者简介

包慧（1983—），女，汉族，天津市人，中国人民武装警察部队学院讲师，研究方向：英语教学和翻译研究，E–mail：amo_bao@sina.com。

中外评分员作文评分一致性研究及其对CSE对接雅思的启示*

戈逸玲 司童瑶 耿欣然

（中国矿业大学（北京），北京，100083）

【摘要】论文研究英语语言考试中中、外评分员对写作部分评分的一致性，采用了混合式研究方法。中、外评分员各 3 名对 40 份作文样本依据同一量表进行评定。SPSS 分析结果显示，中、外评分员的成绩评定显示了较大不一致性。对 6 位评分员的深度访谈得出导致不一致的原因有：评分员对量表维度的理解和侧重不同；考试机构之前对评分员的培训影响；量表本身解读弹性较大等。期望研究结果能反馈高校英语写作教学，启示《中国英语能力等级量表》与雅思的双向对接。

【关键词】英语作文评分；一致性；中国英语能力等级量表；雅思；双向互认

一、引　言

《中国英语能力等级量表》（CSE）的颁布，标志着我国英语学习者语言能力的衡量有了统一标准（余卫华、冯志伟，2019：63a）。量表的制定并不等于现行教学大纲和考试大纲的淘汰，而是对外语教学、外语测评提供了一套统一的能力参照标准（刘建达，2019：11）。与此同时，以量表为基础的英语能力等级考试（NETS）也在紧锣密鼓地策划中。国内现行的英语考试在评分标准、等级对接和侧重点各不相同，缺乏国际认可度，未能与国际语言测试对接（余卫华、冯志伟，2019：63b）。基于此背景，NETS和CSE的意义不言而喻；同时，如何使CSE与国际语言测试实现双向对接也是未来高校英语教学需要努力解决的问题之一。

借着《中国英语能力等级量表》发布的契机和NETS考试研究的需求，本研究运用混合式研究方法，邀请中、外籍教师依据所给量表对所给样本进行评分，研究旨在揭示中、外评分员对写作评分的一致性，为CSE对接雅思提供写作部分的启示。

二、文献回顾

1. 写作量表的一致性研究

任何数据测试和结论的有效性都需要信度检验的保障，是所有测试成立的必需条件（李

* 基金名称：中国英语能力等级量表下NETS6写作部分中外教评分的一致性研究（该论文由国家大学生创新训练项目资助），项目编号：C201908738。

航，2011：51）。已发表的核心论文研究结果显示，写作量表的一致性研究主要分为以下几类：一类是依托于成熟的评分量表，对评分误差展开研究，如李航（2011：51-56）基于六级写作量表展开研究，罗娟（2008：61-66）基于“ESL Composition Profile”展开研究；另一类是建构一个全新的写作量表，并对所建量表进行一致性检验，从而对现有量表提出建议，如吴雪峰（2018：137-146）；第三类则聚焦于分项式量表与整体式量表的一致性和信度孰高孰低的问题，如李航（2015：45-51）；另外还有关于网络阅卷评分的一致性研究，为无纸化的写作测评提供了宝贵的研究成果，如李艳玲、田夏春（2015：75-80）。

2. 聚焦评分员行为的写作一致性研究

评分员评分行为的一致性研究是信度研究的主要内容。语言考试的题型主要分为接受型与产出型，前者以客观题为主，后者多为主观题（蔡宏文，2019：711）。写作就是典型的产出型考题。写作测试中，主、客观误差不可避免。因此，主观影响因素主要有评分员自身的一致性差异（谭智，2008：26-30）、评分员对量表维度的理解差异和评分员之间的严宽不一（林椿、肖云南，2018：72-84）等。客观因素主要有题目设计（邹琼，2008：139-142）、量表本身的弹性缺陷、评分员培训的不充分（邹申、杨任明，2002：1-6）以及评分员状态、评分环境等。

3. CSE 已有的写作方面的研究

自CSE生效以来，与写作量表有关的研究成果不多。本项目研究团队以“中国英语能力等级量表”“写作”“CSE”为关键词，在知网与万方平台搜索到的核心论文不足十篇，大多为理论性阐述，少有实证性研究。潘鸣威（2018：8-85）详细阐述了CSE如何体现写作能力的发展。同时，他（2019：38-32）还揭示了CSE写作量表的理论基础和参数框架，阐述了CSE写作量表的搭建思路。陈建林（2019：81-88）从教师评价、学生自评、外部评价三个维度阐述了如何运用CSE提供的测评量表进行创新型外语人才外语能力写作测评。蔡宏文（2019：709-721）通过研究得出CSE量表标准与雅思考试具有较好的概推性与对接一致性。CSE推出时间不长，仍有大量的研究正在进行，因此研究成果少在情理之中。同时，在CSE的大背景下，过去有关量表一致性研究的成果，尤其是对评分员评分行为一致性的研究，对于CSE对接雅思的研究仍具参考价值。

本研究用实证研究的方法尝试探索不同评分员之间的评分一致性，揭示影响成绩评定的因素，研究结果将能更好地反拨大学英语写作教学，并为CSE和雅思实现双向对接提供借鉴。

三、研究过程及方法

1. 写作量表

CSE颁布的初衷在于整合国内现有的英语考试以实现“车同轨、量同衡”。因此，NETS并不是要推翻现行的国内重要英语考试。相反，现行量表对NETS具有很大的借鉴意义。由于

CET-6的认可度较高，且难度与NETS-6相当，因而在研究CSE与雅思的对接时，CET-6与雅思写作部分的评分标准相较于其他考试标准更具参考价值。

本研究以CET-6写作评分标准为主要框架，在参考相关核心期刊论文的研究结果基础上，细化改良了CET-6的写作评分标准作为本次研究使用的写作评分量表。细化改良后的CET-6写作量表为一份整体式评分量表。量表分为四个维度：切题（Topic Relevance）、主题展开（Main Idea Development）、连贯与衔接（Coherence and Cohesion）、语言质量（Language Quality）。量表采用分级制评价方式，共6级，满分15分。每一级对应的各个维度都有较为详细的阐述。

2. 样本

研究团队从中国矿业大学（北京）即将参加六级考试的非英专学生的期末作文中抽取了45份样本作文。期末考试题型为独立型写作测试，题目为：Respect others, and you will be respected.（尊重别人你也会得到别人的尊重）要求考生在40分钟内完成一篇不少于180词的文章。该批学生已全部通过CET-4，并在期末考试结束通过了CET-6。研究团队为所抽取的45份样本编列序号，其中第41–45份为模拟评分所用，不计入数据分析；第1–40号为正式样本。

3. 评分员

本研究中，参与样本评分的评分员为3名中国教师和3名外籍教师，均具有丰富的写作评分经验。中方评分员均为高校英语教师，有5年以上教龄和多次CET-6作文阅卷经验。外籍评分员均拥有英美高校研究生教育背景，在中国高校担任语言教师，有丰富的写作执教和评分经验。

4. 研究方法及工具

6名评分员根据改良细化后的CET-6写作量表对40份作文样本进行评分，并为每份样本写3–4句评语。接着，本研究利用SPSS软件对评分结果进行一致性分析，同时对评分员所写评语进行词频统计。依据统计结果，又针对每位评分员分别进行45分钟左右深度访谈并录音。访谈结束后将录音转录为文字并进行总结，为数据分析提供定性支持。

四、数据分析

1. 一致性分析

克隆巴赫系数（Cronbach Alpha）是统计学中常见的信度检测办法。信度取值为 [0, 1]，系数越高越好。一般认为，信度系数在0.7以上为好。但受态度情感等的影响的数据集信度在0.5以上也可以接受。研究团队利用SPSS得到外方评分员的信度为.764，中方评分员的信度为.675，信度检验指数在可接受范围内（见表1）。

表1　信度检验

	信度（Cronbach Alpha）
中方评分员	.675
外方评分员	.764

信度检验之后，需要进一步探究评分员之间的一致性和评分员各自内部的一致性。本研究采用配对样本t检验来比较总体平均分的差异；采用单因素组内方差分析来比较评分员内部评分的差异性。

配对样本t检验结果显示，中、外方评分员对学生英语作文的评分有显著差异（t=4.624,df=39, $P<0.05$）：外方评分员对学生英语作文的评分显著高于中方评分员的评分（MD=1.142）（见表2）。

表2　中、外方评分员对学生英语作文的评分差异

	外方评分员		中方评分员		MD	t(39)
	M	SD	M	SD		
样本平均分	10.88	1.64	9.74	1.66	1.142	4.624*

*P<0.05。

单因素组内差分析的结果显示，中方评分员内部评分不存在显著差异（F（2,117）=1.651，$P>0.05$）（见表3）。

表3　中方评分员内部一致性检验

	中教1（n=40）		中教2 (n=40)		中教3 (n=40)		F（2,117）	Post Hoc (Tamhane)
	M	SD	M	SD	M	SD		
词汇成绩	9.55	2.75	9.45	1.12	10.22	2.02	1.651*	无显著差异

*$P<0.05$。

单因素组间方差分析结果显示，外方评分员内部评分不存在显著差异（F（2,117）=2.370，$P>0.05$）（见表4）

表4　外方评分员内部一致性检验

	外教1（n=40）		外教2 (n=40)		外教3 (n=40)		F（2,117）	Post Hoc (Tamhane)
	M	SD	M	SD	M	SD		
词汇成绩	11.43	2.88	10.43	1.45	10.80	1.59	2.37*	无显著差异

*$P<0.05$。

2. 描述语统计

针对样本评语，研究团队对中、外评分员所给的描述语做了词频统计，再对照评分量表中的四个维度对描述语进行了归类。

结果显示，中方评分员所给评语中出现频率最高的为“主题展开”，外方评分员所给评价中出现频率最高的为“语言质量”。评分员对于“语言质量类”的词频差异最为显著。中、外评分员对量表具体维度侧重有较大不同。

3. 访谈结果

为了深入了解评分员的价值取向与评分时的心理过程，研究团队针对每位评分员选出最具代表性的5份样本进行了45分钟左右的深度访谈。访谈内容包括对量表整体的看法与建议、对采访样本给分判断的理由与分析、对量表中四个评分维度的理解与侧重。采访结束后研究团队对6份录音进行了转写与总结，归纳出了比较有代表性的观点。评分员已匿名，以下分析中用RC1、RC2、RC3代表中方评分员，用RE1、RE2、RE3代表外方评分员。

关于量表的合理性和改进意见。有评分员对量表给予了肯定，认为量表与CET-6考试评分标准相似，四个维度基本涵盖了评判作文的主要方面。在谈到CET-6宽泛的写作评分标准时，RC1指出了设置粗线条式量表的必要性：粗线条式的量表在一定程度上给了组织方更大的解释权，可以让组织方根据考生的情况来解释量表内容，从而灵活地实现考试预期、契合考试目标。而其他三位评分员的意见集中在量表细化方面。RC2建议给出四个维度的占比，否则评分员对维度的主观侧重可能会影响评分结果。RE3指出，量表的描述语言也应尽量使用“能做”形式以便评分员按量表操作。RE3与RC2均认为“语言质量”维度的描述语需要细化，雅思作文评分量表在这一方面较CET做得更为出色。

关于四个维度的阐述与理解。在切题方面，切题是一篇作文最基本的要求。RC1特别强调，对于偏题、跑题作文，评分时会直接归为不及格档。在主题展开方面，学术写作应当采用传统的三段式布局，即引入、主体和结尾三部分。RC1认为关键词的把握非常重要，关键词是阅卷老师短时阅卷判定作文是否偏题的重要依据。RE2认为具有批判性的观点更容易获得高分。在连贯与衔接方面，RE2建议使用灵活句式。同时RE2和RC1都认为主旨句是段落结构中必不可少的部分。在语言质量方面，RE2认为考生在学术写作当中应避免非正式得口语化表达，建议学生掌握一些学术词汇和复杂词汇，鼓励使用一些习语和修辞为作文增彩。

五、结果讨论

1. 中、外评分员评分不一致性的原因

一致性分析得出，中、外评分员的评分结果呈现显著的差异性。差异性背后的原因有以下几点。第一，评分量表本身的弹性较大。RE2认为研究所用量表整体需要再细化；RE2与RC3也认为语言质量的描述语需要细化。第二，评分员对量表维度理解不同。在访谈中，有评分员表示对某些描述语存在疑惑，建议斟酌用词，以降低偏差。第三，评分员对评分量表各维度侧重不同。根据词频统计来看，外方评分员关注“语言质量”的频率显著高于中国评分员；在“切题”维度上，中方评分员词频次数明显高于外方。在实际评分过程中，评分员对四个维度的考虑有明显的轻重之分。然而也有评分员非常明确地表示四个评分维度应存在一定的优先顺序。因此，评分员对评分维度的倾向性也会影响评分行为。除以上三点之外，一些评分员表示卷面、字迹、名人事迹等个人偏好也会影响个人的评分行为。综上所述，量表本身的弹性较大、评分员对量表各维度的理解和侧重不同、评分员的个体评分差异是导致评分一致性存在差异的主要原因。

2. 对 CSE 的反馈

《中国英语能力等级量表》致力于为中国英语学习者提供衡量语言能力的统一标准。研究结果对CSE对接雅思有以下反馈：第一，CSE有必要制订科学严谨、可执行性强的评分标准，细化各评分维度的分类标准；使用“能做”句式，明确规定各维度的占比，制定样本作文。第二，对评分员进行科学统一的阅卷培训。由于写作评分有较强主观性，CSE有必要对每位评分员的工作背景、文化程度、知识储备和实战经验有充分了解，从而制订适当的培训方案。第三，CSE有必要对雅思考试的内容要求和评分标准进行深入解析，发掘中外英语考试的差异所在，更好地实现与雅思的全面对接，并带动英语教学实践。

3. 对高校英语写作教学的反馈

通过访谈，研究就中国学生如何提高写作水平的问题，整理出以下建议。第一，扩大阅读量，提升写作内涵。考试作文题材通常与生活紧密相关，学生在日常学习中需进行批判性思考，以此拓宽思路。第二，在英语语境中学习英语。外方评分员表示一些中国学生的措辞虽然在语法中是正确的，但往往不够地道，建议通过英语电影、英语电视节目等学习地道的英语表达。第三，避免高级词汇和复杂句式的堆积。好的英语是清楚、直接、简单的英语，学生在写作中要学会用最准确的词而不是用最厉害的词。第四，注意作文的结构安排和内在逻辑性。良好的结构安排可以使作文条理清晰，而内在的逻辑性则是作文流畅性和连贯性的保障。

六、结　语

通过对中、外评分员的写作评分进行一致性分析，研究发现中、外评分员的评分结果存在显著的不一致性；通过SPSS分析、词频统计、访谈归纳与整理，分析并讨论了产生不一致性的原因，主要有量表缺陷、维度倾向性、评分员理解差异和评分员个人偏好等原因。研究为《中国英语能力等级量表》与雅思的对接提供了参考建议，并对写作教学与学习在内容、措辞、逻辑和技巧方面提供了一些可行性建议。

本研究受诸多限制，存在一些不足。比如，所用量表为整体式量表，评分员也是整体评分，研究未能就各个维度的评分一致性展开研究。在未来的研究中，可以细化一致性研究，为高校英语写作教学提供更有针对性的反馈建议。

参考文献

[1] 陈建林 . 基于 CSE 的创新型外语人才外语能力测评——以写作能力测评为例［ J ］. 外语界 ,2019,(1):81–88.
[2] 蔡基刚 . 新时代我国高校外语教育主要矛盾研究 :70 年回顾与思考［ J ］. 中国大学教学 ,2020,(1):51–55.
[3] 蔡宏文 . 产出型语言考试与语言标准对接的效度问题——概推性与一致性［ J ］. 现代外语 ,2019,42(5):709–721.
[4] 教育部考试中心 . 中国英语能力等级量表 . 北京 : 高等教育出版社 ,2018.
[5] 刘建达 . 中国英语能力等级量表［ J ］. 中国外语 ,2019,16(3):1+11–12.
[6] 李航 . 基于概化理论和多层面 Rasch 模型的 CET–6 作文评分信度研究[J]. 外语与外语教学 ,2011,(5):51–56.
[7] 李航 . 整体与分项量表的使用对 EFL 作文评分信度的影响［ J ］. 外语与外语教学 ,2015,(2):45–51.
[8] 李艳玲 , 田夏春 .iWrite 2.0 在线英语作文评分信度研究［ J ］. 现代教育技术 ,2018,28(2):75–80.
[9] 林椿 , 肖云南 . 中国大学生英语写作测试中母语与非母语评分员行为的对比分析［ J ］. 中国外语 ,2018,15(5):72–84.
[10] 罗娟 , 肖云南 . 基于多元概化理论的英语写作评分误差分析研究［ J ］. 中国外语 ,2008,5(5):61–66.
[11] 潘鸣威 . 中国英语写作能力等级量表研究——写作能力发展的视角［ J ］. 中国外语 ,2018,15(3):78–85.
[12] 潘鸣威 . 中国英语能力等级量表写作量表的构建 : 理论与思路［ J ］. 中国外语 ,2019,16(3):32–38.
[13] 谭智 . 应用 Rasch 模型分析英语写作评分行为［ J ］. 外语教学理论与实践 ,2008,(1):26–31.
[14] 余卫华 , 冯志伟 .《中国英语能力等级量表》的意义及其对英语教学的影响[J]. 辞书研究 ,2019,(2):61–67.
[15] 邹琼 .EFL 写作水平测试影响因素的实证研究［ J ］. 外语学刊 ,2008,(6):139–142.
[16] 邹申 , 杨任明 . 他们如何使用写作评分标准 ?——TEM4 新老评分员调查[J]. 国外外语教学 ,2002,(3):1–6.

作者简介

戈逸玲（1999—），女，中国矿业大学（北京），本科，研究方向：外语教学测评，E–mail：geyl1999@163.com。

司童瑶（1999—），女，中国矿业大学（北京），本科，研究方向：外语教学测评，E–mail：382994910@qq.com。

耿欣然（1999—），女，中国矿业大学（北京），本科，研究方向：外语教学测评，E–mail：499818247@qq.com。

理工院校英语专业人才培养模式探索
——以中国矿业大学（北京）为例

陈丽英

［中国矿业大学（北京）文法学院，北京，100083］

【摘要】自教育部2000年颁布《高等学校英语专业教学大纲》以来，设立有英语专业的高校都在探索如何培养复合型英语专业人才，应该建立怎样的复合型人才培养模式。本文以中国矿业大学（北京）为例，介绍并探讨理工院校可行的英语专业人才培养模式，即依托学校的采矿、安全等优势学科的资源，分阶段探索建立“英语＋能源行业基础知识”的英语专业人才培养模式。

【关键词】英语专业；理工科院校；复合型人才；人才培养模式

一、引　言

教育部2000年批准颁布并在全国实行的《高等学校英语专业教学大纲》（以下简称“大纲”）规定，高等学校英语专业的培养目标是“培养具有扎实的英语语言基础和广博的文化知识并能熟练地运用英语在外事、教育、经贸、文化、科技、军事等部门从事翻译、教学、管理、研究等工作的复合型英语人才”。这是首次以正式文件的形式确定高校英语专业以培养复合型英语人才为自己的任务，说明我国外语教学界普遍认识到，由于社会对外语人才的需求呈多元化的趋势，过去那种单一外语专业和基础技能型的人才已经不能适应市场经济需要，外语专业必须从“经院式”人才培养模式转向应用性、复合型人才的培养模式。正如“大纲”所指出：“我国每年仅需要少量外语与文学、外语与语言学相结合的专业人才以从事外国文学和语言学的教学和研究工作，而大量需要的则是外语与其他有关学科———如外交、经贸、法律、新闻等结合的复合型人才，培养这种复合型的外语专业人才是社会主义市场经济对外语专业教育提出的要求，也是时代的需求。”

“大纲”指出：“由于各院校的发展不平衡，因此复合型人才培养的模式、内容和进程也必须因地、因校、因专业而异。”我国地域辽阔，不同地区学生的入学水平和各院校办学条件及师资条件存在很大差异。因此，不同地区、不同类别、不同层次院校的英语专业应该制订适应不同情况和条件的教学大纲和教学计划。基于英语专业的培养目标是培养复合型英语人才，那么，我国不同类型的高校应该如何具体实施这个培养目标？“大纲”将我国现设有外语专业的院校分为五类：外语院校、综合性大学、理工科院校、师范院校和其他专科类院校。

大部分理工科院校在理工学科资源方面有得天独厚的优势，但人文学科力量相对薄弱，因此，作为人文学科的英语专业无法效仿世界知名大学的做法，无法凭借自身的学术力量实施传统的语言文学专业人才培养模式。但是，可以依托本校优厚的理工学科资源，探索英语专业与本校优势学科资源的某种结合，实施复合型人才培养计划，建立复合型英语人才培养模式。各个理工院校的英语专业都应该贯彻执行全国英语专业教学大纲的要求，顺应我国经济发展对外语人才的需要，积极探索本专业与本地区、本校具体情况的有机结合，开创具有本地区、本校特色的英语专业复合型人才培养模式。

二、普通理工院校复合型英语专业人才的培养理念

理工院校的复合型英语专业人才的培养模式应当如何着手呢？在复合型英语专业人才培养中，我国外语类大学的复合方向课程主要有三种，一种以外交、外事管理等方向的课程为主，培养外交人员，一种以经济、金融等方向的课程为主，培养经贸人才；一种以第二外语方向的课程为主，培养双外语人才。师范类大学的复合方向课程主要以教育学、心理学等课程为主，为中小学培养英语师资（胡文仲，2008a）。综合类大学由于学科门类齐全，复合方向课程的设置较为宽泛，但主要集中在商学、经济等方向。可以总结，除师范类大学外，国内高校的复合型英语专业人才培养主要集中在经贸领域。尽管社会对经贸类人才有较大的需求，但现状是高校都普遍培养经贸类英语专业人才，造成人才供大于求的局面，出现毕业生找不到对口工作，所学非所用的情况［陈静，2007（2）］。而国内高校中的经贸类专业也普遍加强了英语教学，留学归国人才也大量集中在经贸专业。我们看到，许多理工院校在实施复合型英语人才培养时没有明确的目标定位，出现“英语＋经贸”复合型英语专业人才培养模式的跟风现象。

现实条件是，理工院校有丰富的理工学科资源，学校优势学科的学科资源更是优厚。理工院校应充分发挥工科优势，注重文科和优势工科的交叉和渗透，调整英语专业课程设置，开设与学校性质相匹配的工科方向的复合课程，培养掌握本校工科类传统优势学科基础知识的复合型英语专业人才，满足社会对特定领域的高端英语专业人才的需求。

鉴于理工院校的英语专业仍然是文科专业，在培养“英语＋本校工科类优势学科知识”的复合型英语专业人才时要处理好“英语”和“其他专业知识”之间的关系，坚持“以英语语言文学知识为主，工科类优势学科知识为辅”。“英语”是复合型英语人才的基础材料，“其他专业知识”是复合型英语人才的加强材料［张冲，1996（1）］，复合型英语人才的核心仍是英语。正如王守仁［2001（2）］指出：“英语是人文学科的一支，英语学科的基本要素是英语语言、文学和文化。”因此，在实施复合型英语专业人才的培养过程中，要保持和加强英语语言文学本身的学科地位，坚持以“英语语言文学知识为主，其他专业知识为

辅”，而不能以“其他专业知识为主，英语语言文学知识为辅”。

三、对传统英语专业课程设置进行改革

对于传统的英语专业课程设置，付红霞和郝玫（2008）的调查发现，理工院校的英语专业学生对于传统英语专业课程设置的满意度排序是：英语专业技能课程，英语专业知识课程，相关知识课程。出现这一调查结果的原因主要在于，涉及听、说、读、写、译的英语专业技能课程模块相对成熟，基本能够满足学生的需求，而英语专业知识课程模块和相关知识课程模块不够成熟，不能满足学生的需求和社会需要。因此，在实施“英语＋本校工科类优势学科知识”的复合型英语人才培养模式时，对英语专业课程设置需要注意如下两个方面：

1. 在英语专业知识课程模块中增设“本校工科类优势学科知识”课程。普通理工院校具有培养“英语＋本校工科类优势学科知识”的办学优势和就业优势，为了培养掌握英语语言和具有专业知识的复合型人才，要在相关专业知识课程模块中增设“本校工科类传统优势学科”的课程，这样才能实现英语与其他专业的复合，并有效克服目前过热的“英语＋经贸”复合型英语专业人才培养模式，充分并合理地发挥理工院校的学科优势。

2. 不放松英语专业技能课程。尽管付红霞、郝玫的调查发现理工院校英语专业学生对传统的英语专业技能课程普遍感到满意，但秦秀白［2006（1）］指出，许多理工院校片面强调“应用型人才”的培养导向，没有按照《大纲》开设课程，忽视了语言基本功训练。帮助学生打好扎实语言基础的英语专业技能课程是复合型英语人才的立足之本，因此，在高年级的复合型英语人才培养阶段中，要按照《大纲》要求，继续开设英语专业技能课程，做到英语专业技能课程四年不断线，否则学生在一、二年级打下的英语语言基础不能得到进一步提高，也就不能真正培养学生应用英语的能力。

四、中国矿业大学（北京）英语专业的人才培养模式探索

中国矿业大学（北京）是一所具有矿业和安全特色，以工为主，理、工、文、管、法、经相结合的全国重点大学，其优势学科为矿山开采、安全工程等专业。英语专业人才的培养就是要借助本校优势学科，拓展学生的知识体系，分阶段建立“英语＋本校工科类传统优势学科知识”的复合型英语人才培养模式。

第一阶段，确定并开设“能源英语”方向。（1）经过一年多的准备，中国矿业大学（北京）文法学院自2011年开始修改编写新版本科培养方案，确定从2011级入校的英语专业学生开始开设“能源英语”方向。此时，已经完成了对四位课程任课教师的培训并汇编了教材。（2）选择“能源英语”方向的学生，从第三学期开始至第六学期结束，连续四个学期学习《能源英语1、2、3、4》系列课程。《能源英语1》关注传统能源，《能源英语2》了解新能

源，《能源英语3》进行案例教学，《能源英语4》案例教学和以能源为主要内容的实用文体写作。（3）除了系列课程的课堂教学，在第五或者第六学期安排学生去能源行业的公司进行实习。

第二阶段，完善“能源英语”方向的教学。（1）总结教学，解决教学中出现的问题。继续培训教师，修改补充教材内容，正式出版能源英语系列课程所用教材。把能源英语的部分教学内容延伸到更多课程中，比如《高级口译》课中增加部分与能源相关的知识和练习，高级阅读中增加部分与能源相关的阅读材料，等等。（2）不断总结学生在能源行业的公司的实习情况，与单位建立长期合作关系，给学生实践所学语言知识的机会。

第三阶段，建立比较成熟的“英语+能源行业知识”的复合型英语人才培养模式。

五、结　语

英语专业人才培养模式的探讨和实践一直都在进行中，我校“英语+能源行业知识”模式的英语专业人才培养体系的构建还面临许多问题。例如，如何最大限度地实现英语专业知识与能源行业相关知识的有机结合，完善培养模式的框架，如何提高培养模式的有效性，等等。这些问题都需要我们去探索和实践。

参考文献

[1] 陈静.关于普通高校外语专业复合型人才培养的冷思考［J］.兰州交通大学学报，2007(2):134–137.

[2] 付红霞、郝玫.理工院校英语专业课程设置的调查［J］.外语界，2008(6):25–33.

[3] 高等学校外语专业教学指导委员会英语组.高等学校英语专业英语教学大纲[M].上海:上海外语教学与研究出版社,2000.

[4] 胡文仲.英语专业“专”在哪里？［J］.外语界，2008a(6):18–23.

[5] 秦秀白.理工院校英语专业应该加强学科建设［J］.外语界，2006(1):2–6.

[6] 王洁，汪刚，聂振雄.关于培养具有创新素质的复合型外语专业人才的思考［J］.外语界，2008(3):8–14.

[7] 王守仁.加强本科英语专业“学科”的建设［J］.外语与外语教学，2001(2):42–43

[8] 张冲.高校英语专业复合型人才培养对策的思考［J］.外语界，1996(1)：6–10.

作者简介

陈丽英（1977—），女，河北大名人，中国矿业大学（北京）文法学院讲师，硕士，主要从事英语专业教学，E-mail：wsk0002@163.com。

Application of Theme-Rheme Theory to News Translation

周天雄

（中华女子学院，北京，100101）

【Abstract】 News，as an important way of communication is playing a crucial role in the comprehensive development of our country ranging from fast economic expansion，giant leap in science and technology，and progress in every aspects of social life. There is no doubt that News translation，in its specific and special way serves as an effective tool in spreading all sorts of information to a larger base of readers as rapid as possible.

The function of the News is the transmission of information covering great events happening both at home and abroad in a timely and accurate manner. The information structure and the main Theme-Rheme structure functions belong to the language of discourse. As we know，English pays emphasis on hypotactic relations while Chinese pay more attention to paratactic relations. What is more，English is the subject-predominant language with subject-predicate pattern easy to identify while Chinese is the topic-predominant language with topic-comment patterns as its prototype.

The paper selects a large number of news items covering a wide range of subjects from CCTV news channel website and the Xinhua net as the paper's corpus，Through the comparative study of both English and Chinese at the level of sentence then to text，the paper is trying to analyze the similarities and dissimilarities of source language and target language in their conversion process. Meanwhile，this paper draws a new conclusion that Theme-Rheme structures help us find the semantic connections between source language and target language. The novel point is that this is a two-way communication，namely，not only is the target language in accordance with source language，but also the source language conforms to the habitual usage of target language，realizing the stylistic equivalence between two texts. In a sense，the study of Theme-Rheme structure provides a great boost to the News Translation.

【Key Words】 Theme; Rheme: Thematic Progression Patterns: News Translation

Ⅰ. Origin and Development of Theme-Rheme Theory

Linguists have long been seriously studying the thematic structure of the text .Mathesius， founder of the Prague School, has proposed the term Theme and Rheme as the basic concepts. The aim is at studying different components of the sentence in communicative language playing different roles. Mathesius holds that the components in the first part of a sentence play a special role: acting as the starting point of message, serving as theme, the rest part as Rheme. Theme is the starting point of discourse, often the core of discourse, while Rheme is the supplementary part of the Theme. Mathesius published an article mentioning the "psychological subject" and changing the term into "Theme" . Benes(1965) has mentioned: "There are two meanings, one indicates the internal arrangement of words in a sentence, the other relating to the whole text, Unluckily, the world was not attracted to the Mathesius' article until a paper titling "On Definition of Theme in Functional Sentence Analysis" by Firbus was published after the World War II was over. After that the linguists from across the world began to pay more attention to Theme structure. Firbus brought forth the concept of "Communicative Dynamism" , expounding the fact that given information does less to communication while the new information does more to the communication.

Halliday accepts the pair term of Prague School and put forth the concepts of "given information" and "new information" . According to Halliday, "the theme is one element in a particular structural configuration which, taken as whole, organizes the clause as a message…… within that configuration, the Theme is the starting -point for the message; It is the ground from which the clause is taking off" (Halliday, 1994:38). Van Dijk also puts "how the information of each sentence is tied in with the information of other sentences, and what information the hearer or reader is supposed (by the speaker or writer) to have about the context and the world" (Van Dijk, 1985:113). Halliday also considers language as related to the real world and to other linguistic events and the purpose of using language is to organize the text itself. That is to say, Language fit in with other messages around them and with the wider context in which messages are conveyed. He proposed the three metafunctions of language, namely, ideational metafunction, interpersonal metafunction and textual metafunction in which the textual metafunction is the most important one in discussion. Halliday also regards the theme as starting-point of a message as well as topic of a sentence. Meantime, he divides the Theme into three types: simple theme, multiple theme and clausal theme.

In summary, there are three main points extracted from systematic functional linguistics:

1. Theme should be studied in context, the communicative power of Theme is less compared with that of Rheme ;

2. In most cases, Theme-Rheme is put in a given order, especially in a clause, Theme surfaced first, and then followed by Rheme;

3. "Communicative Dynamism" brought forth by Firbus proved that Theme-Rheme pattern has a special power pushing the communication to move on.

II. Models of Progression Patterns and its Translation Strategies

To find out the type of Thematic Progression, the concept of Progression needs to be understood in the first place. In real language context, a textual context is made up of several sentences, clauses and so on . That is to say, a discourse is usually larger than two sentences, Hailliday has pointed out that Theme and Rheme are fixed and hard to change, but when in practical usage, they are mixed and interchangeable. Themes and Rhemes interchange and relations between them are called progression. It is through this process a complete meaningful unit is formed in a discourse.

Halliday developed and enriched the functional linguistics with Theme-Rheme Theory, while it is Fries (1983) and Danes (1974) summarize the different type of progression patterns, analyzing a discourse from the subject, from the space and time order, from logic relations with the sentence prior to it. Through these large quantities of language materials, Fries (1983) and Danes (1974) proposed the basic three types of progression patterns, called thematic progression.

2.1 Models of progression patterns at the sentence level:

1) Linear progression: T1→R1→T2(=R1)→R2→T3(R2)→R3~……Tn(Rn-1)→Rn

We have noticed that the Rheme in this type may serve as the Theme in next part of the message, the Theme and Rheme are intersected.

Example:

The Fukushima Daiichi plant was wrecked by the March 11th earthquake and tsunami, triggering reactor meltdowns and radiation leaks that caused mass evacuations and widespread contamination. (Source: CCTV-News, 3rd Feb, 2012)

3月11日，福岛核电站受到地震和海啸的破坏，此次地震和海啸引发了大规模核反应堆的泄漏，此次泄漏引发大规模人员疏散并造成巨大污染。

When in translation, the first rheme following the first theme serve as the second rheme, that is to say, part of the rheme change into the next theme, and the theme and rheme in the clause are intermingled, constructing the whole discourse.

2) Rheme maintenance: T1→R1→T2(=R1)→T3→R3(R1)→……Tn-Rn(=R1)

Rheme maintenance is formed by keeping the same Rheme as the previous clause.

Example is as follows:

a. Many residence are upset, commuters are affected and some cars on the road are frustrated by the snow. (Source: CCTV-News, 3rd, Feb, 2012)

很多居民，上班族，还有路上的车辆，都受到了大雪的困扰。

b. Running back Ahmad Bradshaw, linebacker Jacquian Williams and receiver Hakeem Nicks all worked on a limited basis as all are nursing minor injuries.

跑位Ahmad Bradshaw，后卫Jacquian Williams 和接球手Hakeem Nicks 由于轻伤在身，因此均未能发挥出最佳水平。

When in translation，different theme can serve as the Subject of the clause，and Rheme is the same，so we put Rheme into the proper places according to Chinese phraseology.

3）Theme maintenance: T1→T2(=T1)→R2→T3(T1)→R3→……Tn(T1)→Rn

Theme maintenance refers to keep the same Theme as the preceding clause. The example is as follow:

Freezing temperatures and heavy snowfall hit northern and central Italy on Thursday causing severe disruption to traffic throughout the region，bringing about the closure in certain sections of the highway .(Source: China Daily，3rd，Feb，2012)

周四，冰雪以及低温天气袭击了意大利中北部地区，造成该地区的大部分交通堵塞，以及部分路段关闭。

When in translation，the theme is single one，while rhemes are different in the clause，which should be separately translated into Chinese，choosing different verbs and making up the verbal phrases.

4）The same theme with different rhemes :

T1→R1

T1→R2

T1→R3

An example is as follows:

Skyfall" (T1)is still in production(R1) and is set for release(R2) in the UK and Ireland on October the 26th this year. Skyfall" is directed by Oscar winning British filmmaker，Sam Mendes and sees Craig return as secret agent James Bond for a third time.(R3) (Source: CCTV-News 3rd，Feb，2012)

《天降杀机》目前正在制作当中，该片将于今年10月26日在英国和爱尔兰同步上映。本片由奥斯卡著名影人曼德斯亲自指导，并且在新片中，我们将再次领略由克莱格扮演的特工邦德给我们带来的更多精彩。

In English news，the basic four types of thematic progression are shown in the above analysis，as English news is much more informative in content，concise in language，the most frequent use of patterns should be Linear progression，Theme maintenance，and Rheme Maintenance. The types we have discussed in the above are just some of basic models，however，in real practice，as our bank of materials are so rich and increasing day by day that only one model of progression type through the whole discourse takes up a fraction of amount.

2.2 Models of progression patterns at the discourse level

There are three types of thematic progression in the discourse analysis，

1）Theme deviation; it refers to the theme split into several sub-themes; the basic model for this type is: T (T1+T2+T3+⋯..Tn)→R1.

Example:

Freezing temperatures (T1) /a frozen sea，(T2) /and a large amount of sea ice /(T3) in China’s Bohai Sea，all of which increase the intensity of the cold snap- According to the local oceanic administrator，the cold snap (T) /has expanded by almost 30% compared to last year. (Source: CCTV-News，Feb 6th，2012)

渤海地区近日持续低温，海水冰冻，冷空气活动强度不断增大，根据当地气象部门的分析，这次冷空气活动范围扩大了30% 左右。

2）Variant of two types of Theme maintenance，this kind of thematic progression can be further divided into two sub-groups: theme maintenance in odd orders and theme maintenance in odd even orders. The model for this type work like this: T1=T3=T5 and T2=T4=T6.

Example:

In December，China (T1)/ imposed punitive duties of up to 22% on large cars and SUVs exported from the US，in response to the anti-dumping investigation on Chinese solar panels. Solar World Industries America and six other companies (T2)/had filed a complaint last October，with the US International Trade Commission and the Commerce Department，over what they called illegal Chinese government subsidies. China(T3)/ is expected to get the initial ruling result March this year，as The group(T4) /modeled tariffs of 50 percent and 100 percent on Chinese solar panels. (Source: CCTV-News，Feb 6th，2012)

去年9月，中国对从美国进口的大排量汽车和越野车征收了22%的进口关税，此举作为对美国调查中国太阳能板反倾销案件的回应；与此同时，Solar美国分公司与其他六家公司联合向美国商务部提出对从中国进口的太阳能板进行反倾销调查，主要原因是针对中国政府提供的补贴合法性问题。日前，中方正在等待美国商务部3月份公布的判决结果，这主要是针对于此前，美方相关公司提出对中国进口的太阳能板拟征收50%到100%的关税。

3）Rheme split

Rheme split refers the type of changing the rheme part into several successive themes in the following clause. The basic thematic progression model for this type work this way: T1=T2=T3⋯⋯..Tn =R1

This type of thematic progression appears more in the news features or editorial，like literature works in nature than in the news reports，which put more emphasis on

linear type and three other basic types. In journal writing，the type of thematic progression is usually blended with other types rather than use only this type to construct the text.

III. Conclusion

Translation can be seen as a process in which the information of source language is transferred to that of the target in a corresponding and correct manner. In this sense, choosing appropriate unit of translation is of great significance for translators. The application of Theme-Rheme Theory serving as translation unit can facilitate decomposition of source text and reconstruction of target text, transfer the idea and information, achieving the goal of mutual communication. The paper tries to construct the relationship between Theme-Rheme theory and News translation in order that the application of translation skills can be greatly enriched. To put it this way the translation activity serves as a transferring process in which the source language has been deconstructed while the target language will be reconstructed by means of semantic connection found through the analysis of Theme-Rheme part in their respective language. It is through this communicative function within the discourse that a better understanding of the text has been achieved.

References

[1] Bagnall, N. *Newspaper Language*[M]. Oxford: Focal Press, 1993

[2] Bielsa and Susan, B. *Translation in Global News* [M]. Shanghai: Shanghai Foreign Language Education Press, 2011

[3] Danes, F. *Functional Sentence Perspective and the Organization of the Text* [M]. The Hague: Mouton, 1974

[4] Danes, F. *One Instance of Prague School Methodology: Functional Analysis of Utterance and Text* [M]. The Hague : Mouton, 1970

[5] Halliday. M.A.K. *An Introduction to Functional Grammar (2nd edition)*[M]. Beijing: Beijing Foreign Language Teaching and Research Press, 2000.

[6] 程琳. 新闻英语的特点与翻译[D]. 大连：东北财经大学，2005.

[7] 胡壮麟，朱永生，张德禄. 系统功能语法概论[M]. 长沙：湖南教育出版社，1989.

[8] 李海英. 英汉新闻语篇中主位推进模式的对比研究.[D]. 石家庄：河北师范大学，2003.

[9] 刘其中.英汉新闻翻译[M].北京:清华大学出版社，2009.

[10] 王蕾. 新闻英语(第2版)[M].杭州:浙江大学出版社，2007.

作者简介

周天雄（1983—），男，中华女子学院高职学院助教，硕士，研究方向：翻译理论与实践，E-mail: neatboy@sina.com。

商务英语教学与跨文化交际能力的培养
——以小组合作学习为例

张翠波　张琳琳

（北京联合大学商务学院，北京，100025）

【摘要】在当今经济全球化和文化多样性并存的背景下，商务英语教学的最终目标是培养学生在商务环境下的跨文化交际能力。笔者通过借鉴国外现代创新教学方法理论，结合自身实际，以采用“小组合作式”学习方法为例，分析并总结出在商务英语教学中不断探索培养学生跨文化能力行之有效的方法。

【关键词】商务英语；小组合作学习；跨文化交际能力

一、引　言

全球经济一体化下我国跨国商务活动日益频繁，其突出特征就是跨文化交际。为适应国际竞争的需要，我国需要大量谙熟商务领域专业知识同时又具备跨文化交际能力的复合型人才。

跨文化交际(intercultural communication，IC)实质上是指任何在语言和文化背景方面有差异的人们之间的交际。由于各国的政治、经济环境以及传统习俗不同，人们的价值观念、思维方式等存在差异。因此，能否跨越文化障碍是涉外商务活动能否顺利展开的关键。商务英语教学的根本目的即为了实现跨文化的商务交流，因此跨文化交际能力的培养尤为重要。探索并尝试创新教学方法，培养学生跨文化交际意识与能力是商务英语教学的主要任务之一。

二、 商务英语教学中培养跨文化交际能力的意义

跨文化交际能力对于成功进行涉外商务活动具有特别的意义，因为有效的交际是达成交易的前提。从事国际商务人士，除应具备专业知识、语言能力等必须具备的技能之外，还应具有对文化差异的敏感性和较强的文化适应能力，具有不同社会文化环境中的沟通能力及综合处理商务的能力，即商业语境中的跨文化交际能力。

根据英国商务英语专家尼克（Nick Brieger）（1997）的“商务英语范畴”理论，商务英语丰富的内涵应包括：语言知识（language knowledge）、专业知识（professional content）、管理技能（management skills）、交际技能（communication skills）和文化意识（cultural awareness）。当前的商务英语教学不但要注重商务知识及英语语言的培训，更要着力培养健

康的跨文化意识和交际能力，增强学生在国际商务中的实际操作能力。

目前，跨文化交际能力的培养在商务英语教学中尚未受到足够重视，大多仍基本依照“英语+商务”的模式进行。这种单一教学模式使学生误以为会说英语、懂得商务知识就能顺利进行商务活动，造成跨文化交际意识缺乏，更谈不上培养跨文化交际能力了。事实上，不少成绩优秀的毕业生踏入工作后深感交流的困难。因为在具体的交际中，他们会不自觉地借助母语的语言规则、交际习惯、文化背景来表达思想，与对方的理念、习惯等文化元素发生碰撞，因而造成沟通困难。

三、商务英语教学中小组合作学习的理论基础

小组合作学习法是在建构主义学习理论的基础上提出来的探究式学习方法之一。“建构主义”学习理论强调创设真实情境，把创设情境看作“意义建构”的必要前提，并作为教学设计的最重要内容之一；同时强调学习者的主动性和内驱力，尊重学习者的主体性、参与性、创造性以及和教师之间的互动性。其核心内容简而言之即：学生的学习活动必须与任务或问题相结合以探索问题来引导和维持学生的学习兴趣和动机，让学生带着真实的任务学习，强调学生对知识的主动探索，主动发现和对所学知识意义的主动建构。探究发现型教学模式正是基于此创新型教育理论，以学习者为中心的教学模式；在教学方法上，主张应用建构主义教学理论，强调使用案例法、小组合作讨论法等多种方法的优化组合。Fink(2003)在上述研究的基础上提出了教学设计的集成化观点，围绕既定目标，鼓励教师与学生之间的互助学习，其所具备的三要素分别是：学习目标、教学方法、信息反馈以及评价过程（图1）。

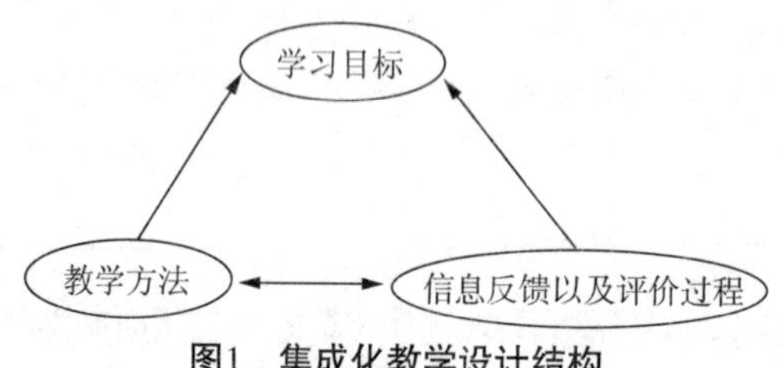

图1　集成化教学设计结构

无论何种研究，都是进一步强调了教学过程中，发挥学生的主动性、积极性、创造性，鼓励教师与学生之间的互动互助学习，从而提高学生的自主学习能力和创新精神。目前，根据美国明尼苏达大学教学研究中心Jeff Lindgren教授的研究，积极主动的教学方法被归纳总结出了以下几种：讲授式、主动学习式、协作式、合作式、团队式学习、基于项目式学习。这些教学方法的排序是根据其所承载的创新思想以及操作难易程度而决定的。越靠后的教学方法是对学生自主学习能力的越高一层次的挑战。讲授式方法属于最传统的教学方法，但并无必要完全否定。主动式学习更多的是通过“案例教学”方式实现，强调通过学生的参与和思考完成教学任务。协作式教学提倡学生和教师的共同参与教学过程，比如通过“思考—讨论—分享”，讨论多以课堂随机的形式完成（3–4人/组）。从协作式教学开始，以小组进行

学习讨论的方式得到提倡和试行。

总之，建构主义学习理论体现了以学生为主，教师不再提倡给予学生知识的完整性和系统性，而要求学生对某特定知识点的精确理解和批判性思维，着重培养学生的学习能力和创造力。与此同时，教学方法的改革和创新，实质是对教师提出了更高的要求，并非将教师游离于教学之外。例如，在每个信息反馈的环节，教师的评价对学生的学习效果可以起到帮助和指导作用；任务的设计、问题的提出、项目的设计等也都是对教师能力的考查。

在我国的商务英语教学中，很多教师将任务教学和案例教学引入课堂教学中，为提高任务教学和案例教学的效果，合作学习成为了教师组织课堂教学的首选模式。小组合作学习法是以教师讲授基础语言点及专业词汇和小组学习为主要组织形式，在教师指导下学生自学、自讲，以合作讨论为主的一种教法，并根据一定的合作程序和方法促使学生在小组中共同学习。合作讨论式教学法特别强调学生的主体作用，不仅能更好地完成传统教学中传授知识的任务，而且还能提高学生的综合素质及英语的实际运用能力。

四、小组合作学习方法的实践研究

目前，我国高校教学改革中采用最多的教学方法即讲授式、主动学习式、合作式及团队式教学方法。小组活动，即Group Work，正是在课堂教学中学生以团队形式合作学习的一种教学方式。具体地说，将整个班级分成以小组为单位的学习团队，并且确定每个小组成员的不同角色，共同完成老师布置的各项任务，并以小组为单位，在课堂上以不同的方式展示其成果，使每位同学都能够参与口语陈述的活动中来，从而提高他们的语言表达能力。下面，以笔者讲授的国际商务英语谈判为例，探讨如何在实践教学中合理利用小组活动来提高教学效率。

首先，将国际商务活动的真实内容引入课堂教学，根据所授班级具体情况合理分配小组。教师根据每位学生的学习习惯、兴趣取向等，合理分配角色，如组长、资料收集员、资料管理员、PPT制作员等。

其次，教师根据教学计划，提供真实的商务环境案例、或设置各种不同的教学情境，如组织学生分别代表不同的进出口商进行商务谈判，包括交易磋商、运输条件谈判、保险条件谈判等，以训练其口头表达能力。小组活动的形式可以多种多样：role play，group discussion and presentation等。模拟商务谈判是学习商务交际技巧的有效途径，谈判人员所代表的国际或地区的生活习惯、思维方式、价值观等都是不容忽视的谈判细节，由此可以使学生亲身体验商务文化冲突的典型案例，了解外国文化与本国文化的冲突。跨文化沟通在整个谈判过程中至关重要，让学生深入角色中，营造出实际的氛围，从实际情况中体会异国文化的特点，这对于培养学生的商务谈判能力、思维的敏锐、跨文化交流能力都非常重要。

同时，教师应在各小组活动的准备阶段，提供专业指导，包括专业词汇解析、商务概念解释、通过何种资源搜集相关素材资料，到具体案例或者商务信息的分析。此外，教师还可以通过向学生展示一些跨文化音像材料或者模拟谈判视频材料来激发学生的学习兴趣和了解外国文化，并要求学生讨论录像内容，分析中西方文化差异，以帮助学生为其小组展示做更充分的准备。

再次，学生通过合理的方式对自己的学习成果进行展示。学生经过查阅资料、整理资料、小组合作演练后，在课堂上用英语展现给全班同学。无论如何组织活动形式，学生始终是学习的主体，老师只起着引导的作用。其特点为，案例问题贴近商务现实、强调学生的团队合作精神、培养学生们全体的参与性和主动性、案例答案的多元化。在这期间，学生经历了讨论、质疑、探索、思考和判断等思维活动和从知识汲取到思维能力培养的过程。他们借助教师、学习伙伴等的帮助协作，利用必要的学习资料，通过认知和意义建构的方式获得知识。

最后，教师应对每个小组的表现做出评价。根据探究教学法，在评价过程中，评价的对象应包括学生在探究过程中所表现出的智慧、能力、和态度等因素。教师应把握合理的评价标准，以正面表扬和激励为主，使每个学生都能够体验成功的喜悦。例如，在笔者的国际商务英语谈判课堂上，基本上先从各组对于国际商务专业知识、英语运用以及中西文化差异角度分别加以分析和点评，给予学生充分的肯定和认可，使其明确自身取得的成绩。同时要认识到哪些方面尚需改进，以便以后避免出现类似的问题。

五、创新式教学实践后的思考

商务英语课程注重以英语语言为工具而进行的实际操作能力的培养，具有很强的实践性。笔者本着集成化教学设计的理念，以小组合作学习方法为例，根据本人实际教学经历，提出以下几点思考：

1. 提高教师自身跨文化交际能力是前提

商务英语教学教师作为跨文化理解者和推动者，不仅要具备深厚的英语语言知识、丰富的商务及其相关学科的专业知识，还要具备全面的中西文化观念，要逐步树立多元文化教育的视野来理解多元文化和跨文化交际。因此，学校应为商务英语教师有计划地提供学习跨文化交际的理论和实践机会，以提升自身的文化素养，用较强的商务文化知识和技能武装自己。

2. 学生需从主观意识上接受教学方法的创新

许多学生对小组合作学习方法的误解，认为其就是“自主学习”或是“放羊式”学习，由此存在抵触心理。因此，让学生从主观意识上接受小组合作式学习这种新方法，逐渐提高学生的合作意识和技能。合作技能主要包括表达能力、倾听能力、发现与提出问题的能力以及处理人际关系的能力等，学生若主观上能够接受小组合作的学习方式，才能有意识地使自己融入小组当中去，进而提高合作意识和能力。

3. 教师的多重角色至关重要

探究式教学过程中，教师的角色不再是简单的知识讲授者和权威知识的发布者，而是组织者、参与者和评价者，是保证教学过程有序、有效进行的关键因素。

首先，教师布置学习任务时使学生有明确的目标计划，使学生有充分的时间通过网络、图书馆等渠道收集相关资料。在给出一定的讨论范围和要求时，指导查询资料的方法，从问题的来源、展开、深入及解决等几个步骤进行全面细致的准备工作，并应适时地融入称呼、问候、访问、交友等文化因素的讲解，潜移默化地帮助学生不仅要注意语言形式的正确性，而且要重视语言运用的恰当性，使学生逐步获得"社会语言学方面的敏感性"（socio-linguistic awareness）。在商务英语会话教学中，要包括对外商务交往的礼节、礼仪、英语国家的习俗和禁忌、外国的商业习惯、谈判技巧等内容，注意这些文化差异在不同语域中的表现。

其次，教师在学生准备过程中应随时给予必要的帮助和指导，在讨论过程中，教师可以参与到不同小组之间的讨论，了解学生的讨论状况，营造轻松、平等、和谐的讨论环境，让学生从喜欢这种学习方式，到提高学习热情。

最后，教师还应该做好评价者的角色。应该严格要求学生遵循讨论范式，形成良好的讨论习惯。通过及时适当点评，避免讨论偏离方向。在讨论结束时，教师要对学生讨论的内容、方法及讨论结果进行归纳和合理的评价。

参考文献

[1] Claire Kramsch. *Context and Culture in Language Teaching* [M]. Oxford: Oxford University Press, 1993.

[2] Yamamoto, Yasutaka. Business English Is a Must for Japanese University Students[J]. Japan Business English Association (JBEA) Annual Studies, Volume 57, 1998.

[3] 胡文仲.文化与交际[M].北京:外语教学与研究出版社，1994.

[4] 朱文忠.商务英语教学模式理论脉络、特色与实效分析[J].广东外语外贸大学学报，2010(4)：（23-26）.

[5] 王坦.合作学习的理念与实施[M].北京：中国人事出版社，2002.

作者简介

张翠波（1975—），女，北京联合大学商务学院讲师，硕士，研究方向：应用语言学，E-mail：cuibo.zhang@buu.edu.cn。

张琳琳（1982—），女，北京联合大学商务学院讲师，硕士，研究方向：认知语言学，E-mail: zhanglinlin@buu.edu.cn。

王佐良翻译观小议兼《雷雨》译文赏析

邢双双　陈科芳

（浙江师范大学外国语学院，浙江金华，321004；

浙江外国语学院英文学院，浙江杭州，310012）

【摘要】王佐良是中国当代著名的翻译家和翻译理论家，翻译了许多经典著作，他在翻译理论方面也很有建树，在不断总结翻译实践的基础上提出了独到的翻译观点。本文从两个角度即文化差异和读者反应，对王佐良的翻译思想进行阐述，并且通过对《雷雨》译文的赏析来验证王佐良的一些翻译思想，从而证明其理论与实践统一的正确性。

【关键词】王佐良；文化差异；读者反应；《雷雨》

一、引　言

（一）王佐良简介

王佐良是中国杰出的外国文学评论家、比较文学专家、语言学家、教育家、诗人，同时还是一位卓越的翻译家和翻译理论家。王佐良出版了大量优秀的译作，主要以散文和诗歌为主，尤其他翻译的罗伯特・彭斯苏格兰诗歌堪称经典。王佐良不仅将许多优秀的西方文学作品译到中国，同时也将许多汉语诗歌、散文、话剧介绍到西方。翻译活动伴随了王佐良一生的文学研究生涯，他在翻译实践中不断思考总结自己的翻译主张，提出了影响深远、创新独到的翻译观点。

1958年，王佐良与巴恩斯（A.C.Barnes）合译了中国话剧的经典作品——曹禺的《雷雨》。译文用生动地道的英语准确形象地再现了剧中人物，为中西文化的交流作出了重要贡献。翻译话剧，译者除了要精通两种语言，还要通晓戏剧创作。本文通过《雷雨》中部分片段的赏析，来展示王佐良如何在翻译中考虑文化差异和读者反应，栩栩如生地将人物性格翻译出来。

（二）《雷雨》简介

《雷雨》创作于1933年，是曹禺的处女作，也是成名作。《雷雨》故事讲述了20年代某年夏天的一个午后，鲁侍萍来周公馆看望女儿四凤，遇上了周公馆的主人周朴园。于是，三十多年前的恩怨情仇就此开始上演。三十年前，周朴园爱上了公馆女仆鲁妈，两人相恋，鲁妈生下了两个儿子——周萍和鲁大海。但迫于家庭的压力，周朴园抛弃了鲁妈，改娶了富家女子繁漪，并生下儿子周冲。鲁妈带着大海改嫁鲁贵，生了四凤。周萍与继母繁漪是情人，而后又爱上了同母异父的妹妹四凤并有了身孕，而小儿子周冲也钟情于四凤，因此繁漪让鲁妈来公馆带走四凤。当一切血缘的谜底被揭穿时，一场大悲剧发生了：周萍无法面对这一切，开枪自杀，而狂乱中冲进雨夜的四凤和跟出去欲救她的周冲也先后惨遭电击而死。在这命运的重击之下，繁漪和侍萍崩溃疯狂，这幕人间悲剧终于落下了帷幕。在命运途中苦苦挣扎着的人们，其悲惨命运深深震撼着观众的心灵。它描写了一个有着严重封建性的资产阶级家庭的罪恶统治、精神危机和最后崩溃(黎昌抱，2008:128)。

二、文化差异在《雷雨》中的体现

语言和文化是相互交织的。翻译能够促进文化的繁荣，文化的繁荣也能够促进翻译事业的发展。“一个国家的社会文化本身的情况决定了外来成分的或荣或枯”（王佐良，1989:24）。历史上，一个大的文化运动往往有一个翻译运动伴随或作为前驱。19、20 世纪之交酝酿着一个文化的巨变，也有一个翻译运动应运而生（王佐良，1989:37）。王佐良认为，翻译对任何民族文学，任何民族文化都大有裨益。不仅是打开了一扇窗，还能给民族文学以新的生命力（1991:86）。“如果去掉翻译，每个民族的文化都将大为贫乏，整个世界也将失去光泽，宛如脱了锦袍，只剩下单调的内衣”（王佐良，1989:57）。随着文化的发展，翻译的范围和规模也在不断扩大，同时翻译的质量也在不断提高。

译者不仅要了解外国文化，同时还得深入了解自己民族的文化，将两种文化加以比较，找出最贴切的表达，因为翻译不仅仅是双语交流，更是一种跨文化交流。苏珊·巴斯内特认为，翻译就是满足某种文化不同读者的要求（Bassnett，2004:6）。一个人如果不了解语言当中的社会文化，也就无法真正掌握语言。这里所谓“了解”，不是一个大概的了解，而是要了解使用这一语言的人民的过去与现在，这就包括了历史、动态、风俗习惯、经济基础、情感生活、哲学思想、科技成就、政治和社会组织等，而且了解得越细致、越深入，越好。具体到翻译，王佐良认为，译者的第一个困难是对原文的了解。不论怎样难的原文，总有了解的可能，因为人类有很多共同的东西，这也使翻译成为可能。但原文中也总含有若干外国人不易了解的东西，这又使深入了解外国文化成为十分必要。翻译者必须是一个真正意义上的文化人（王佐良，1989：18–19）。在他看来，虽然理解原著很难，却因人类拥有许多共同之处，仍使得翻译成为可能。而由于文化差异，仍有一些是无法将其内在含义完全翻译出来或被译入语读者所接受(黎昌抱，2008:21)。作为译者，要精通语言，了解文化。翻译的目的就是突破语言障碍，实现并促进文化交流。文化交流的本质是双向互动的。在理解原著和表达译文中，译者面临的最大的困难就是两种文化的差异，这也使文化比较成为必须。翻译理论研究不再局限在以往单纯的语言文字的转换或是文学文本的风格、翻译的标准等问题上，从文化层面上审视、考察翻译(谢天振，2000:111)。这与20世纪后期西方翻译研究的文化转向几乎是同步的，因此他的观点是具有前瞻性的。“译者处理的是一个词，但他面对的是两大片完全不同的文化。因为真正的对等应该是在各自文化里的含义、作用、范围、情感色彩、影响等都相当。例如将美国大商店或国际机场中的‘rest room’看作‘休息室’，而不知它指的是‘公共厕所’”（王佐良，1989：18）。因此，在选择对等词的时候，译者必须仔细加以比较。将翻译与文化相结合的翻译观点摆脱了传统的翻译研究单单研究语言内部的翻译，而转向外部研究，是翻译研究踏上了更高层次的追求，结合西方现当代翻译理论为推动中国译论的发展做出了巨大贡献(喻海燕，2011:87)。

例 1：250–251

鲁大海：（忍不住，立起）你死就死了，你算老几？

鲁贵：（吓醒了一点）妈的，这孩子！

鲁侍萍：大海！

鲁四凤：（同时）哥哥！

HAI: (rising, unable to contain himself any longer) Get on with it and die, then! Who do you think you are, anyway?

LU: (brought back to earth with a jolt) Well， I'm damned!

MA: Dahai!

FENG: (together): Dahai!

鲁大海对鲁贵的喋喋不休忍无可忍，粗暴地打断了鲁贵。因此把“你死就死了，你算老几？”翻译成“Get on with it and die， then! Who do you think you are， anyway?”。“Who do you think you are， anyway?”(你以为自己是什么东西?)很好地表达了大海的暴怒和不满。而且，“anyway”这个词也起到了加强效果的作用。在原著中四凤喊的“哥哥”在翻译成英语时，直接用名字“大海”代替了，因为，在英语国家，并没有中国这般严格的“长幼有序”，他们家庭成员之间的关系更随意自然，因此在日常对话中，兄弟姐妹之间通常都是相互直呼其名，甚至有时对父母也是如此。王佐良做出如此处理，更易于被读者理解并接受。

例2：252–253

鲁贵：（端起杯子，对四凤）这是白水，小姐！（泼在地上。）

鲁四凤：（冷冷地）本来就是白水，没有茶。

鲁贵：混账。我吃完饭总要喝杯好茶，你还不知道么？

鲁大海：哦，爸爸吃完饭还要喝茶的。（向四凤）四凤，你怎么不把那一两四块八的龙井沏上，尽叫爸爸生气。

LU: (picking up the cup， inspecting it and turning back to Sifeng) What’s this， my lady? Plain water? (He empties the cup on the floor.)

FENG(coldly): Of course it is. There isn’t any tea.

LU: What the devil do you mean? You know very well I always have a nice cup of tea after my dinner!

HAI: Well， well，so Father would like tea after his dinner. (To Sifeng)What do you mean by it，Sifeng? Upsetting Father like that! You should have made him a pot of best-quality Lungching—it’s only four dollars eighty an ounce.

原文表现的是鲁贵在周公馆为奴时卑躬屈膝，回到家就作威作福，家里连三餐温饱都成问题，他还嚷嚷着要喝龙井。大海忍不住讽刺说道：“四凤，你怎么不把那一两四块八的龙井沏上，尽叫爸爸生气。”但是如果直译成“Sifeng， why don’t you give father the four dollars eighty ounce Lungching but make father angry?”，讽刺的效果肯定会有所减弱，而用上虚拟语气“should have done”以及在茶叶价格前加上单词“only”， 嘲讽的语气便不言而喻。尤其是将“一两四块八” 的翻译成“four dollars eighty ounce”。如果翻成“four yuan eighty fen”，将会造成目标语读者的困惑，因为他们中国的货币单位不太了解。于是王佐良采取单位替换。通过归化的翻译策略，王佐良跨越了两种语言间的文化障碍。

例3：314–317

鲁大海：什么？（见四凤同周萍，二人僵立不动）妈，您快进来，我见了鬼！（侍萍跑进。）

鲁侍萍：（喑哑）天！

鲁四凤：（夺门而出）啊！

（侍萍扶着门闩，几乎晕倒。）

HAI: What’s this? (He sees the pair of them standing petrified.) Mother! Come in here， quick! I’m seeing things! (Lu Ma runs in.)

MA: (gasping) God!

FENG: (bursting out of the room) Oh!

(Lu Ma， clinging to the door，almost faints.)

鲁大海发现周萍和四凤的恋情。“见了鬼”在汉语里是个很常见的表达，但在不同场合有不同的意思，因此很难为目标语读者理解。凭借对中西方文化差异的熟练掌握，王佐良用了俚语“see things”来表现看到富家少爷调戏自己妹妹时的不可置信。

三、读者反应在《雷雨》中的体现

王佐良在翻译中曾多次提到目标语读者，要为读者着想，看看读者关心的是什么。为读者考虑要求译者做到译文的可靠，可读。所谓可靠，是指译文忠实于原作，没有歪曲，遗漏。所谓可读，是指译文流利，即上口，顺耳（王佐良，1989：4）。他强调译作最后是由读者完成的，译文的效果取决于读者的反应（同上：36–37）。尤金·奈达也认为，目标语读者是决定翻译过程和语言选择的最重要因素（奈达，2001:102）。当王佐良评论严复的“信，达，雅”翻译标准时，他强调目标语读者接受的重要性，并认为严复的译文是好的翻译。严复当时之所以提出的“达”和“雅”的翻译标准，即采取汉代以前的句法和词汇，其背景是清代晚期的中国内忧外患、国土被列强瓜分、民族尊严丧失殆尽、面临亡国灭种的危机，而严复主张“与天争胜”，向西方学习，救亡图存，富国强兵，以改变落后挨打的被动局面。为了在社会传播这个思想，更好地被读者接受，吸引他们的注意，必须考虑到当时心目中的特定读者——封建士大夫、上层知识分子的心智气候、文化形态（王佐良，1989：20）。因此，必须以他们更容易接受的形式展现译文。

巴斯内特提出不同的读者对译文会有不同的要求，王佐良认为译者不能忽略目标语读者，与苏珊·巴斯内特不谋而合（Bassnett，2004:6）。为了满足一种文化中不同读者群体的要求，不同的翻译相应地也要采用不同的翻译策略来达到目的。例如，《格列佛游记》若要翻译给小孩看和翻译给成人看，所采取的翻译方法应有差别。王佐良的文化翻译观打破了传统译论的桎梏，拓宽了译者的眼界。在传统翻译研究中，译者需对源语文本负责，忠实于原文作者，因此目标语读者常被忽略，译文质量也不可避免地受到影响。且在传统译论认为翻译活动是单向的，是从源语文本到译者再到读者。王佐良打破了翻译中以源文本目标中心的固有模式，提出目标语读者的反应和接受必须被考虑到翻译的过程中。

例4：226–227

鲁侍萍：你是萍，——凭——凭什么打我的儿子？

周萍：你是谁？

鲁侍萍：我是你的……你打的这个人的妈……

译文1:

MA(breaking down): You’re my–mighty free with your fists! What right have you to hit my son?

PING: Who are you?

MA: I’m your–your victim’s mother.

译文2:

LU: You are P’ing–P’ing …pinning down my son here and beating him. How could you?

CHOU P’ING: Who are you?

LU: I am your – your victim’s mother.（雷蕾，2012：47）

上述译文中，译文1出自姚克，译文2出自王佐良。鲁大海和周萍是亲生兄弟。但为了金钱和地位，就在侍萍生下小儿子周萍后的第三天，周朴园抛弃了她，只留下周萍。侍萍带走鲁大海改嫁给鲁贵，后又生下鲁四凤。一家人生活不可谓不艰辛。后来大海因为成了罢工领袖，成了周朴园的对头，并且和周萍产生了冲突。这一幕生动又隐晦地展示鲁侍萍内心复杂的感情。侍萍看到大海被周萍打伤，怒火中烧，情绪激动，差点说出周萍也是自己儿子的真相。为了守住秘密，硬生生把“你是萍”换成“凭……凭什么打我的儿子？”这里作者用了谐音解决了问题，不可谓不妙。王佐良在此的译文是“You’re my...mighty free with your fists”，可以看出“my”和“mighty”是押头韵的。虽然这句译文在意思上和原文有些不一样，但它将更重要的修辞力量表现出来。而当被周萍问到身份的时候，侍萍又将“我是你的”说成了“你打的这个人的妈”。王的译文是“I’m your—your victim’s mother”，成功反映了她内心的剧烈纠结挣扎。若译成“Why—why did you beat my son”，“You’re my...mighty free with your fists”更易于外国读者理解，也能取得更好的效果，译文2中Ping和pin虽也做到了押韵，但“pinning down my son here and beating him”合起来才能达到“mighty free with your fists”想表达的意思，不够简洁。

例5：254–255

鲁大海：……妈，我走了。

鲁侍萍：胡说。就要下雨了，你上哪儿去？

鲁大海：我有点事。……

HAI: …Mother， I’m going.

MA: Don’t be silly. It’ll come on to rain any minute. Where would you go, anyway?

HAI: I’ve got some business to attend to…

例6：258–259

鲁大海：（狞笑）没有什么，周家逼得我没有路走，这就是一条路。

鲁侍萍：胡说，交给我。

鲁大海：（不肯）妈！

HAI:(smiling grimly) It’ s nothing， really. If the Zhous drive me to the wall， this will be one way out.

MA: Nonsense. Give it to me.

HAI: (protesting) Oh， Mother!

戏剧翻译的一大难点就是如何克服中西文化的障碍，将汉语中朗朗上口的台词原原本本地传达给西方读者与观众，并为他们所理解接受。上述两例中的两个“胡说”也被生动地译了出来。例5中，大海受不了继父的恶气，执意要冒雨离家出走。侍萍的一句“胡说”饱含了慈母的担忧和怜爱，因此译成“Don’t be silly”。而例6中的“胡说”则是带有呵斥的口吻，“Nonsense”母亲害怕孩子私藏武器会招来杀身之祸，其惊恐不安的神色可见一斑。

四、结　语

总之，无论是王佐良先生的优秀译作还是其具有前瞻性的翻译思想，都对翻译研究具有重大意义，值得我们深入研究。翻译是一种语言转化活动，但同时也是一种跨文化交流。因此，一名出色的译者，不仅要精通两种语言，还应掌握两种文化。王佐良提出的考虑文化差异、注重读者反应为后来的翻译研究铺开了道路，对当今的翻译研究也仍有重要启示。

参考文献

[1] Bassnett， S. and Andre， L. *Translation， History and Culture* [M]. Shanghai: Shanghai Foreign Language Education Press， 2004.

[2] Nida， Eugene. A. *Language and Culture Context in Translation*[M]. Shanghai: Shanghai Foreign Language Education Press， 2001.

[3] 雷蕾.巴赫金对话理论视域下的《雷雨》英译比较—《雷雨》两个英译本的对比分析[D]. 上海：上海外国语大学，2012.

[4] 黎昌抱. 王佐良翻译风格研究[D]. 上海：上海外国语大学，2008.

[5] 王佐良. 翻译：思考与试笔[M]. 北京：外语教学与研究出版社， 1989.

[6] 王佐良.雷雨[M]. 北京：外文出版社， 2001.

[7] 谢天振. 翻译的理论建构与文化透视[C]. 上海：上海外语教育出版社， 2000.

[8] 喻海燕. 翻译家王佐良简论[J] .鸡西大学学报，2011(11): 87-89.

作者简介

邢双双（1990—），女，浙江师范大学外国语学院2013级硕士研究生，研究方向：翻译理论与实践，E-mail：1047074824@qq.com。

陈科芳（1975—），女，教授、博士，浙江外国语学院英文学院，研究方向：翻译教育研究、修辞翻译研究，E-mail：1023073245@qq.com。

“玉”的文化内涵于汉语的投射

江 翠 刘彩虹

［中国地质大学（武汉）外国语学院，武汉，430074］

【摘要】中华民族悠久的历史孕育了我国独特的玉文化，玉与中华文明的发展息息相关，广泛使用于社会生活的各个层面，凝聚着丰富而厚重的文化内涵，已成为中华传统文化无法分割的一部分。本文旨在探讨“玉”作为文化符号和语言符号之间的联系，对玉的文化内涵进行深度挖掘，探讨玉的文化内涵在汉语中的投射以及玉文化对汉语的深远影响。

【关键词】玉；文化内涵；汉语；投射

中国是爱玉之国，用玉历史悠久，先民们采玉、治玉、赏玉、藏玉，对玉的钟爱之情已延绵数千年之久。玉融合了不同时期的社会文化理念，被多维度地解读并被赋予了多方面的寓意。每一时代的玉器都具有鲜明的特征，它们汇聚积淀，成为中华文明不可分割的一部分，形成了厚重的玉文化，是中华文明有别于世界其他文明的显著特点之一。

语言和文化紧密联系、辩证统一，不同民族的语言记录了不同民族的特定文化特征，而文化的发展也促使语言更加全面、细致和丰富。“玉”既是文化符号，也是语言符号。作为文化符号，“玉”记录了中华民族的文化心理，折射了中华民族的思维方式，包含了中华民族的审美观和世界观，这些丰富的内涵在语言符号中凝结与析出。作为语言符号，“玉”字始于中国最古的文字——商代甲骨文和钟鼎文中，在汉语发展的历程中，以“玉”造字、以“玉”构词层出不穷。汉语中以“玉”构成的词语极其丰富，《汉语大词典》收录的以玉为词根的词和含“玉”的词语就多达1268个；《说文解字》中“玉部字”多达227个；“玉”形旁字时省略成“王”，《新华字典》中以“斜玉旁”做部首的字有158个，其中大部分都与“玉”有关系，由此可见，玉文化在汉语中留下了深深的烙印。本文拟从玉独特的文化内涵出发，探讨“玉”蕴含的丰富的文化信息在汉语中的投射，以大量实例分析分析玉文化对汉语发展的深刻影响。

一、玉的美学内涵

《说文解字》中把“玉”概括性地定义为：“玉，石之美者。”玉美学是玉的天然质色美的反射和升华，是其首要的文化基因（杨伯达，2005）。玉经过漫长的与石共存的孕育发展，史前先民们在劳作中接触到大量石料，通过长期的摸索和总结，逐渐将玉料和石料区分开来。玉之所以与众不同，其最直观的判断标准无疑是玉所具有的独特美感在原始美感的驱使下，先民们将玉石加工成简单的装饰品，佩戴在身上。一方面作为装饰美的表征，另一方面也是聪明智慧以及财富的体现（常素霞，1995）。美意识的觉醒使玉器与石器彻底分离，所以玉文化本身就是美的产物，美的基因与生俱来。玉的美学内涵对汉语影响最为直接和深远。人们往往以玉命名美好事物或用玉作为参照物来描写或具体或抽象的美好事物，玉的美学内涵在汉语中的投射主要表现在以下三个方面。

第一，为数众多的具有“美玉”或“美石”含义的“玉部字”，如琼、瑶、琪、璐、瑾、玫、琦、瑜、琳、琬、璠等表“美玉”；表示“美石”的“玉部字”，如瑰、琅、珂、玖、璃、现、莹、珉、瓔、碧、琨等。古人基于对玉的认知，从玉的本意出发，创造出这些形旁为“玉”的字，体现玉的天然之美。

第二，以玉比人之美，尤其多用在形容女性之美。《诗经·国风》有云“白纯束，有女如玉”，开启了以玉比人之美的传统，后人创作出大量以玉比美人的诗句。有诗云“丽华秀玉色，汉女娇朱颜”（李白《南都行》），“玉面耶溪女，青蛾红粉妆”（李白《浣纱石上女》）、“玉容寂寞泪阑干，梨花一枝春带雨”（白居易《长恨歌》）、“万一禅关砉然破，美人如玉剑如虹”（龚自珍《夜坐二首》）。另有大批含“玉”的词汇用以描述女子的美貌，如“玉人”“玉颜”“仙姿玉貌”“粉妆玉琢”“如花似玉”，形容女子肌肤之美“玉肤雪貌”“软玉温香”“冰肌玉骨”等，形容美好的仪态风度有“玉姿”“玉度”“亭亭玉立”“英英玉立”“玉润冰清”等；女子洁白纤细的手指是“芊芊玉指”，洁白的牙齿是“玉齿”。玉也被用在形容男性之美，《诗经·国风》有云“彼其之子，美如玉，殊异乎公族”。《世说新语·容止》记载“山公曰：‘嵇叔夜之为人也，岩岩若孤松之独立；其醉也，傀俄若玉山之将崩’”以“玉山之将崩”形容嵇康的醉态；另有“玉郎”指美男子，“面如冠玉”形容男性外貌之美、“玉树临风”形容男子风度仪态之美。

第三，以玉比物之美。形容饮食精美有“玉膳”“玉膏”“八珍玉食”“琼浆玉液”等；用“琼楼玉宇”“雕栏玉砌”形容建筑华美；精美的纸张是“敲冰玉屑”。另有将“玉”加在日常事物之前表示美称的例子，如将竹子称为“玉竹”、将笋称为“玉笋”、庭院称为“玉庭”、台阶称为“玉阶”、将筝瑟之类乐器称为“冰弦玉柱”等。这样的命名方式赋予了事物美的特质，延续着人们对美的追求。

二、玉的政治内涵

远古时期，人们认为玉是集天地灵气、山川精华凝聚而成，有沟通天地的能力，玉有着崇高的地位，被广泛用作卜筮和祈福。当进入国家社会形态后，夏商周历代帝王为了更好维护自身统治，在原有崇拜的基础上赋予玉器更深刻的政治含义，将玉器的使用和国家礼制紧密联结，玉成为统治阶级专享的器物，统治者便制定了详细的用玉制度和规范来彰显身份和权威。《礼记·玉藻》记载，“天子佩白玉，公侯佩山玄玉，大夫佩水苍玉”，规定佩玉的颜色来区分贵族身份和等级。

《说文解字》释“靈（灵）”字时说:“灵,巫也，以玉事神，从玉。” 灵字的繁体字上面一个“雨”，中间三个“口”象征着玉，下面一个“巫”，巫师以玉向神求雨，将玉作为人与神沟通的媒介，由此可以看出玉在原始宗教活动中的运用。对玉部字溯源分析中可窥探古代玉的用途及其显示，如“璧、琮、圭（非玉部字）、璋、琥、璜、玺”或指用于祭祀的礼器，或指象征权力和贵族等级的玉器。《周礼·春宫·大宗伯》有云：“玉作六器，以礼天地四方，以苍璧礼天，以黄琮礼地，以青圭礼东方，以赤璋礼南方，以白琥礼西方，以玄璜礼北方”，说明玉器早在五千年前就成为一种重要的礼器在重要的祭祀场合上的使用。此外，玉器还可作为身份的象征，《周礼·春宫·大宗伯》中规定朝会上，“王执镇圭，公执桓圭，侯执信圭，伯执躬圭，子执谷璧，男执蒲璧”，其中镇圭最大，桓圭次之，信圭再次，而地位最低的男爵则使用具有蒲纹的璧形玉器，以玉器的大小、形制来区分贵族身份和等级。《新唐书·车服志》记载“天子有传国玺及八玺，皆玉为之”，从秦至清一直沿袭以玉为玺的制度。

“玉”与皇权紧密联系，皇帝的旨意为“玉旨”；皇帝的言语为“金口玉言”；皇帝制定的法律“金科玉律”；人们想象中天庭的领袖是“玉皇大帝”。古时帝王封禅，在玉版上刻字涂金，用金绳系联，并以金泥加封，是谓“封金刊玉”。“玉”还象征着崇高的社会地位，如用“紫袍玉带”指高官。

三、玉的道德内涵

玉自登上我国历史舞台，世人对玉的推崇长久不衰，非常重要的原因是玉被人格化描写，成为儒家文化中君子的象征。玉的道德内涵经历了长期的演化过程，从西周初年便开始萌芽，有管子论玉九德、孔子论玉十一德的说法流传。东汉的许慎在《说文解字》中对玉德作了简化，所谓“玉有五德，润泽以温，仁之方也；鰓理自外，可以知中，义之方也；其声舒扬，专以远闻，智之方也；不挠而折，勇之方也；锐廉而不忮，洁之方也”。玉被视为“仁、义、智、勇、洁”的化身，成为君子修身的榜样。《礼记·玉藻》云：“君子无故，玉不去身，君子於玉比德焉。”

儒家文化将玉视为高尚的品德和情操的象征，士大夫阶层对玉的喜爱和推崇可以理解成儒家门生对自我道德的要求和对君子之风的向往，这种喻德于玉、以玉比德的观念在汉语中的投射有众多实例。“冰壶玉尺”“冰清玉洁”“冰清玉润”“玉洁松贞”比喻高尚纯洁的人品；“金声玉服”“金声玉色”比喻坚贞的品格和操守；“璞玉浑金”形容品质淳朴善良；“精金良玉”或“精金美玉”比喻人品纯洁；“金相玉质”形容内外皆美；“大丈夫宁可玉碎，不能瓦全”比喻决不屈辱求生,丧失气节；“一片冰心在玉壶”传达坚持操守的信念。

四、玉的经济内涵

除了本身的材质价值和审美价值，玉的价值还受到社会文化内涵的影响，玉可代表拥有者的政治地位和社会等级，从远古时期就被当作财富的象征。考古发现原始社会的良渚文化、红山文化大型的墓葬中,作为陪葬的玉器就有几十件甚至上百件，说明远古先民就将拥有玉器作为财富的象征。夏商周时期曾用玉做货币,作为商品交换的凭证,《管子·揆度》记载“故先王度用其重而因之，珠玉为上币，黄金为中币，刀布为下币”。玉文化从五代起发展至民玉阶段（杨伯达，2005），玉的商品价值日益凸显，明清以来，玉石产业发展迅猛。近年来玉器拍卖和玉器的收藏日益升温，有收藏价值的玉器成为备受青睐的投资品。

以玉比富在汉字中最明显的例子是“珍宝”，两字均含玉。“宝”字，是“玉”和“家”的合字，“家中藏玉”之为“宝”显示出玉不可替代的价值。此外，用“鼎珰玉石”“锦衣玉食”形容豪奢的生活。俗语道“黄金有价玉无价”，玉常与金相提并论，在成语中多见与“金”相照应而构成对偶，如“堆金积玉”“金玉满堂”形容财产很多；“金枝玉叶”指帝王后代或富贵人家的子孙。

五、结　语

中国光辉灿烂的玉文化独树一帜，是中华民族文化的重要组成部分。要想深刻地了解玉文化，离不开对玉的内涵的理解，包括美学内涵、道德赋予、政治功能和经济价值。“玉”凝聚了浓厚的中国气魄和鲜明的民族特色，激发了中国文人瑰丽的想象，对汉语言的发展有着深远的影响。为数众多的从玉的字和用玉的词涉及生活的方方面面，人们在交流中自觉或不自觉地都会用到含“玉”的语言，使汉语习得者潜移默化地受到玉文化的熏陶，而玉文化也被赋予长久的生命力，得以传承和传播。

参考文献

[1] 汉语大词典 [Z]. 上海 : 汉语大词典出版社 .2000

[2] 许慎 . 说文解字 [M]. 上海 : 上海教育出版社 .2003.

[3] 杨伯达 . 巫玉之光 [M]. 上海：上海古籍出版社，2005.

[4] 常素霞 . 试论中国玉器的发展与审美特征 [J]. 文物春秋 , 1995(3):53-60.

[5] 杨伯达 . 巫—玉—神泛论 [J]. 中原文物，2005(4):63-69.

作者简介

江翠（1980—），女，中国地质大学（武汉）外语学院讲师，硕士，研究方向：跨文化交际，E-mail：jiangcuijane@163.com。

刘彩虹（1988—），女，中国地质大学（武汉）外国语学院助教，硕士，研究方向：跨文化交际、语用学，E-mail：liucaihongsunny@163.com。

英国传教士马礼逊和米怜在马六甲的汉学研究

周　彦　张建英

（广西民族大学外国语学院，南宁，530006）

【摘要】本文对两位传教士在马来西亚马六甲所做的“第三方”汉学研究进行梳理，主要以他们所创办的中国近代第一份中文报纸《察世俗每月统记传》[1]及英文季刊《印中搜闻》（*Indo-Chinese Gleaner*）为研究对象，试图归纳总结其汉学研究的内容、特点，并说明他们汉学研究的地位和价值。

【关键词】马礼逊及米怜；汉学研究；马六甲；《察世俗每月统记传》；《印中搜闻》

一、引　言

从学者们对汉学的界定可知，汉学研究是非中国人而为之的研究，但在汉学研究的地域上，由于历史原因，汉学研究除在其“本土”[2]进行的汉学研究外，也包括在中国进行的汉学研究，还包括“第三方”汉学研究，指的是在“本土”和中国以外区域进行的汉学研究，如英国人在东南亚和法国人在越南的汉学研究。一般把在中国和“第三方”进行的汉学研究称为“侨居地汉学”（王国强，2008）。本文所探讨的正是“侨居地汉学”，更确切地说，是“第三方”汉学，即两位英国传教士米怜与马礼逊在马来西亚的马六甲所进行的汉学研究。

西方传教士对华的传教活动大多伴随着对中国语言、历史及文化的研习，也就是说他们在主观或客观上都进行了一些汉学研究。19世纪初英国传教士马礼逊和米怜两位传教士的传教活动正是如此。据笔者查阅，关于马礼逊和米怜两位最早来华传教士及其传教活动的研究，大多集中在他们在英国来华传教史上的重要地位、他们在19世纪早期对中西社会文化交流上的重要作用，而对他们的汉学研究、特别是在中国周边国家所开展的汉学研究几乎少有涉及。本文对两位传教士在马来西亚马六甲所做的“第三方”汉学研究进行梳理，主要以他们所创办的中国近代第一份中文报纸《察世俗每月统记传》及英文季刊《印中搜闻》（*Indo-Chinese Gleaner*）为研究对象，试图归纳总结其汉学研究的内容、特点，并说明他们汉学研究的地位和价值。

二、马礼逊与米怜在马六甲的汉学研究

马六甲是19世纪英国传教士马礼逊及米怜共同挑选的对华传教基地。选择中国周边的

---

[1] 也是西方史上第一份中文报纸。

[2] 如英国的汉学研究在英国进行、法国的汉学研究在法国进行。

东南亚国家、特别是华南沿海地区进行对华传教是当时传教士的迂回策略。众所周知，从18世纪开始，清政府就采取严厉的禁教政策，西方传教士不得在中国境内传教，来华的传教士多被驱逐出境，在华南沿海一带继续对华传教活动。选择靠近中国的南洋某地作为新教根据地，其实是伦敦教会在马礼逊来华前就对他做出指示：如果无法在广州居留，马来半岛的槟榔屿和马六甲都是最好的替代地点，因为这里既为英国殖民地，又有大量华人移民，非常适于作对华传教的基地（谭树林，2012）。马来西亚的马六甲正符合了英国新教选择传教根据地的理想条件："理想的是，选一个在某个欧洲新教国家的政厅管辖下并靠近中国的地点，将客观上随时能使用、奏效的对中国传教的根据地设置在那里，以便一旦中国按神的旨意向我们开放门户，就能立即顺利地进入该国"（卓南生，1992：163）。正因如此，当米怜来华无法在中国境内居留传教时，马礼逊就派其到马来半岛进行考察。

于是，在米怜来华的短短数月间，马礼逊和米怜就选好了对华传教的根据地马六甲，在那里共同开启了英国新教重要的早期传教活动，也从客观上开始了两人互相协作的汉学研究。其汉学研究主要体现在他们在马六甲共同创办的近代第一份中文报刊《察世俗每月统记传》及英文期刊《印中搜闻》中。

三、中文报刊《察世俗每月统记传》与汉学研究

《察世俗每月统记传》（*Chinese Monthly Magazine*）（简称《察世俗》）创刊于1815年的马六甲，创刊人为马礼逊和米怜，一直从事主编工作的是米怜，因马礼逊当时在广州，没有参与具体的编辑工作，跟随米怜到马六甲的中国印刷工人梁发是否参与，至今还无确凿的证据。主要撰稿人也是米怜，马礼逊、麦都思和梁发都在该报刊上发表文章。这本月刊报纸从1815年创刊直至1821年停刊，共持续了7年，除每月出版1册外，还有全年合订本1卷，共出7卷。该刊免费发行，发行对象主要面对华人读者，当然，也包括中国境内的华人，发行地区不断扩大，由最初的马六甲、槟城、新加坡，到爪哇、中国广州和澳门等地，遍及东南亚华侨聚居地及中国本土，发行量也由每月的500份增加到2000多份。

《察世俗》是中国近代第一份中文报刊，也是英国新教传教士创办的第一份中文报刊，在中文报刊史上有着重要的地位，当然，在英国传教士对华传教史上的地位也不言而喻。创刊的目的自然是为了针对华人传教，正如米怜自己所说：该刊宗旨是以阐发基督教义为根本要务，"在马六甲每月或根据条件尽可能频繁地发行杂志型的中文小册子。其目的在于，把一般知识的普及和基督教的普及结合起来"（卓南生，1992：167）。而以文字的形式进行传教，则是马礼逊和米怜通过在中国调查研究后，向伦敦传教协会总部提出的传教方针之一，因为"说到中文，作为加深理解的手段的文字，其重要性或许比其他任何传播媒介都大。因为，中文文章的读者比所有其他民族都多"（卓南生，1992：167）。不仅如此，米怜认为，尽管当时中国政府严禁洋人传教，但"书籍是广泛被理解的东西。书籍到处流通。只要有合

适的仲介人和恰当的注意，书籍就能够注入中国的体内”（卓南生，1992：167）。可见，米怜和马礼逊始终不一的目标是进入中国内地传教，开辟中国这个人口最多的传教区。

然而，尽管该月刊报以传教及宣教为宗旨，但在客观上开启了英国的汉学研究，因其内容多有涉及中国的语言、历史、文化等。据统计，《察世俗》月刊报纸中“宣传宗教的文章约占正84.5%，科学文化方面约占11.9%”，而米怜在《察世俗》创刊号序文中关于刊名的阐释也说明了其兼顾世俗人道的特点：“……所以学者要勤考察世俗人道，致可能分是非善恶也”[1]（转引自尹延安，2013：11）。其实，虽然本报刊文章以宗教为主，但刊物在诸多方面体现了创刊策划人马礼逊及主编、主笔米怜对于中国社会历史文化的关注，是考察他们汉学研究的珍贵文献。本文试从报刊版面设计、写作风格及报刊内容方面对二人的汉学研究活动做一些探究。

《察世俗》的版面设计可以说倾透了创刊者米怜和马礼逊对华人华语华俗的用心专研。报刊为中国古代线装书本形式，竖排且有句读符号在旁，用中国传统的竹纸木版雕印，封面颜色为中国人熟悉的黄色，“和明清时的京报相仿”（董锦瑞，2005），看上去“像中国古代的书籍”（程丽红，2000：33）。如此这番装扮得中国化的一本报刊，让人联想到其前辈西方传教士利玛窦等人着汉服传教的情景，其目的都是为了赢取中国人的心理而顺利传教。但从另一方面，也显示了马礼逊和米怜对中国传统文化、中国风俗的了解，特别是对中国古籍文字印刷排列等细节、中国读者的阅读习惯、中国人的色彩取向等，都做过一番观察考究。

从报刊的文体形式、写作风格、文字特色上看，该刊也尽量用中国的传统形式（宁树藩，1982：66），也体现创刊者马礼逊和米怜的汉语文化导向并显示出他们对汉语言文化的研读和了解。如董锦瑞（2005）所言，刊内文章“大量使用中国文学特别是古典小说的表现手法，如广泛采用章回体，连载稿结尾常用‘欲知后事如何，且看下回分解’等字样，此外，还有百字短文、三言两语警句、记叙文、述评文等，可谓文体多样，但都是中国传统文学形式；在写作风格上，该刊也强调“文字要短，应通俗易懂”，这与他们身在其中的英国19世纪初冗长抒情的浪漫主义的文风大异其趣，这样的特别强调，应是考究了中国文字的特点，知道中文，特别是古文，历来言简意赅的特点。以《察世俗》第2期的一则消息文字为例［第2期，一八一五年八月[2]（转引自：宁树藩，1982：67）］，可见其简洁达意的文字风格：

月食照查天文，推算今年十一月十六日晚上，该有月食，始蚀于酉时约六刻，复原于亥时约初刻之间。若此晚天色晴明，呷地诸人俱可见之。

董锦瑞（2005）认为，虽然报刊中的有些文章“很简单、粗糙，谈不上文艺性，但对于一个到东方没几年的外国传教士来说，已堪称精心制作的‘彩色云’”。以此观之，米怜和马礼逊对汉语言文化的用心学习可见一斑了。

---

[1] 《察世俗每月统纪传》，嘉庆丙子年卷首。

[2] 据笔者所知，国内尚无第一手资料，英国大英博物馆里存有《察世俗》。

其实，从米怜与马礼逊一起翻译《旧约》时对中文译语的反复探讨，就可旁证他们对中国语言文字做过一番专研。在《圣经》的译文上，"他们既反对采用《四书》《五经》这种深奥文字，也不主张使用口语"[1]，认为以选用《三国演义》为代表的中文为好，因为它既能为大多数人读懂，而那些有一定知识修养的人也不感到粗俗（转引自：宁树藩，1982：66）。因此，米怜及马礼逊对于《察世俗》在版面形式、写作风格上的定位，都是经过对中国传统语言文字及文化的认真研习的。

从《察世俗》的内容上，能看出米怜对中国传统文化更深的研修。报刊的内容主要有几个方面：宣传基督教义、传播人道、普及科学知识、介绍世界各国情况。从内容的几个方面来看，似乎只有传人道的内容与中国有可能关联，但其实不然，如上所述，这些用中文写就的文章，在文体类别上、语言风格上，都尽显创刊者马礼逊及米怜对中国传统语言文字的精心研读，不仅如此，这本缘起于宗教、旨在传播宗教的刊物虽绝大部分内容都是宣传基督教新教教义，但为了让刊物更亲近读者、更有效地传教，他们采取附会儒学的书写方式来阐释基督教义宣教方式，因而，即使在完全不必出现中国传统理念的地方，却偏偏令中国读者恍若读到的是儒家学说的经典名句。比如，报刊每期的封面都有孔子的话："子曰：多闻，择其善者而从之"，据宁树藩考察，在刊物的文章中"更是大量引用《四书》《五经》和孔孟程朱的言论，且有的文章名直接从《四书》等中国典籍中引来"，如《己所不欲不施之于人》；许多文章的开头，也多引用儒家典籍中的句子，如《论不可泥古》一文的第一句是"子曰：君子之于天下也，无适也，无莫也，义之于比。"《立义馆告帖》的第一句是"礼记曰:玉不琢不成器。"《本末之道》的第一句是:"大学曰：物有本末，事有始终，知所先后，则近道矣"。宁树藩先生认为，刊物是引用儒家言论来阐释《圣经》文句，以示二者思想和精神的一致性，这是最早来华英国传教士们的一个重要策略，因为米怜认为："对于那些对我们的主旨尚不能很好理解的人们，让中国哲学家们出来讲话，是会收到好的效果的（转引自宁树藩，1982：66）。"[2]

出来讲话的中国哲学家们不仅有中国的大儒们，笔者认为，米怜主编的《察世俗》还附会道家学说来阐释基督教义，从《察世俗·序》可略知一二："无中生有者、乃神也。神乃一、自然而然。当始神创造天地人万物。此乃根本之道理……"（方汉奇，1996：258），这样的文字表述，令中国读者似曾相识，容易联想到老子《道德经》第四十二章"道生一，一生二，二生三，三生万物……"，而"无中生有""自然而然"等表述，也是中国道家的文字，只不过把老子的"道"，换成了基督教的"神"，把道生万物，改成了神生万物。从这些利用中国传统儒学和道学的表述中，一则可见传教士们灵活变通的传教策略，二则也可印证米怜是对中国传统的儒道哲学做了一番悉心研读的。

《察世俗》中也讲"道"，并且是刊物的一个重要内容，"最大是神理，其次人道。"

---

[1] 《中国丛报》第四卷第三〇一页。

[2] 《察世俗每月统记传》，第二卷第十期(一八一六年十月)。

与道教所说的“道”不同，马礼逊和米怜在《察世俗》中推崇的是基督教教义下的人道，却主要是用中国儒学范畴所表述的中国儒家的伦理道德，或者，如宁树藩先生所说：全刊所着重宣传的道德原则和儒家的道德原则有着惊人的相似（宁树藩，1982）。从报刊一些宣传人道的文章名称就可见一斑：《忤逆子悔改孝顺》《忠人难得》《论仁》《论西贤教子之法》《论人知足之道》《不忠孝之子》《孝》《父子亲》《夫妇顺》《自所不欲不施之于人》等❶，显然，这与儒家的忠孝仁义的道德伦理相一致，即使从标题看，也是与华人读者的儒家文化亲近，不易让他们产生排斥心理。当然，从另一方面看，主编及主笔米怜首先自己得先熟悉这些儒家的伦理道德原则，然后才能以这样的笔触去为读者撰写出具有浓郁中国文化特征的传教文章。

四、英文季刊《印中搜闻》与汉学研究

在《察世俗》创刊两年后的1817年，马礼逊和米怜又在马六甲创办了一份英文季刊《印中搜闻》❷，这是英国新教传教士在马六甲创办的第二份刊物，也是他们创办的与中国有关的最早的英文期刊。该刊为季刊，刊行5年，于1822年停刊，原因是主编米怜的生病和骤然离世，让这份英文刊物与中文报刊《察世俗》都“戛然而止”（吴义雄，2010；72）。不过，这短短5年共3卷20期的《印中搜闻》，与马礼逊和米怜的中文月刊报纸一样，在英国对华传教史上占据非凡的地位，且对19世纪前期的东西方文化交流史具有不可忽视的重要价值（吴义雄，2010），同时，也是考察马礼逊和米怜这两位最早来华的英国传教士汉学研究活动的珍贵资料。

关于为何选择马六甲创刊，其理由与在马六甲创办中文报刊的缘由有所不同。据米怜1817年4月26日在马六甲为该杂志第一卷所写引言中陈述，选择马六甲是因为“我们在此有印刷机……据我们所知，其他传教点还没有。此外，我们还有中文和阿拉伯文字体，这些字体有时很有用，因为有时在翻译的文章中需要印出一些原文文字❸”（马礼逊、米怜，2009；12）。这两个选择在马六甲创办英文宗教期刊的理由虽然很简单，但我们从中可以看出马礼逊和米怜这两位英国最早来华的新教传教士，对创办印刷刊物传教及对中文等目标传教国原语文字的重视❶（马礼逊、米怜，2009：7）。

---

❶ 文中《察世俗》皆为第二手资料，据笔者所知，目前国内还无第一手资料。据杨勇在其论文“《察世俗每月统记传·序》常见引文勘正与分析”（西北农林科技大学学报，2006（4）: 132-136）所言：戈公振先生与新加坡学者卓南生先生是目前知道在大英博物馆查阅西方传教士创办中文报刊的第二人。

❷ 关于该刊的中文译名，笔者赞成吴义雄的观点，Indo-Chinese此处应译为“印中”而不是现在意义上的“印度支那”（简称“印支”）。而据吴义雄解释，此处的Indo-Chinese指从“印度到中国的”空间概念。

❶ 该引言的开篇米怜即坦言：“罗伯特·马礼逊牧师及其他同道教友一致认为，极其有必要在印度的某些地方创办一本小小的杂志。”

对于创办英文期刊的缘由和目的，米怜在第一卷的前言中做了详细说明，并事先指出是与马礼逊商讨后才写此前言，具体可归纳如下：欧洲的杂志到达东方时许多已成过刊，几乎无法享受在欧洲一样阅读杂志的快乐，于是想在我们这些东方传教士之间办一本同样的杂志；通过定期期刊的交流，能在省时省力的情况下了解每一位传教士所处的境遇，比信件快捷方便；即使是我们传教生活中的一些小事，通过交流，也许会令我们相互鼓励、相互启迪，让我们彼此靠近，让我们传教组织强大坚固（马礼逊、米怜，2009）。一言以蔽之，创刊的缘起主要是为了在远东的传教士们相互之间的顺利交流。当然，这也是其创刊目的之一："为了在各教区形成定期而有效的联系"（马礼逊、米怜，2009：8），不过，其根本的目的或宗旨自然还是为了更好地在异教地区传播上帝的福音，正如米怜虔诚而热烈地说："让上帝荣耀，让福音远播，让社会进步，让教会的欢乐提升，也让我们自己获得更深的救赎，这就是我们这项渺小工作最重要的目的……"（马礼逊、米怜，2009：9）

其实，这个刊物的内容远不止是宗教性质，刊物的对象也不只是远东教区的传教士，还远行到了欧美，在欧美都有一定的读者。伦敦会的司库雷纳在给马礼逊的信中说，"我没有得到所有各期，但我收到的都十分令人鼓舞"，马礼逊夫人也指出，该刊物在欧洲的学术界享有盛名（转引自吴义雄，1982：82）。那么，欧美读者、欧美的学术界，对这本刊物喜爱的主要理由是什么呢？难道仅仅是因刊物介绍了在"印中"传教的情况吗？笔者认为，不管是欧美读者对这本杂志的喜爱，还是欧美学术界对刊物的兴趣，其主要原因，大多是该刊物所刊登的关于中国文化、中国社会各方面的介绍，这些内容，对于当时被清政府拒绝来华的欧美人来说，是了解中国文化和社会的重要渠道。正如后来《中国丛报》的主编裨治文所说"从它已有的成就来看，我们也不知道还有什么出版物能在关于中国的大部分问题上与它相提并论"（转引自吴义雄，1982：82）。而后来的美国汉学家白瑞华（Roswell Sessoms Britton，1897—1951）也认为，马礼逊和米怜事实上"既把《印支搜闻》看成扩大恒河外方传教计划的一个工具，也把它看成一个有关汉学的重要刊物"（王国强，2008：173）。

裨治文和白瑞华这样说是有根据的，虽然马礼逊和米怜创办该刊的起因是为了远东各教区相互间的交流，宗旨是为了更好地宣教，但纵观《印中搜闻》的实际内容，"关于中国文化的内容仍占有最重要的地位，而且份量愈益增大。从第2卷起，《印中搜闻》明显增加了中国历史文化研究文章的篇幅，开始发表比较长的专题文章，可达5-10页以上（吴义雄，2010；80）"❷。从总共20期的刊物中，选取第1、第10及第20期的目录为例进行考察，就可知关于中国的内容是怎样随着期刊出版时间而增大分量了。在第1卷第1期的11篇文章中（1817年5月出版），单从目录上看，与中国相关的文章有5篇：在"Accounts from the Missions"(教区信息)栏目下，有两篇文章在篇名上直接是关于中国教区：*State of Things at Canton*（"广东教事"），*Opinion of a Chinese Priest Respecting Christ*（"中国僧人关于基

---

❷ 《印中搜闻》每份有50页左右。

督的见解”)[1]，在“Miscellanea”（杂文）栏目下的3篇文章都是关于中国的：*Execution of Criminals in China*（中国处决死刑犯），*Of the Tea Sect*（“清茶门教”），*Jews in China*（“在中国的犹太人”），而事实上，阅读本期的内容，会发现还有1篇是与中国有关的，即在“教区信息”栏目下讲述马六甲传教区信息的文章*State of Things at Malacca*，因为文章开篇就报道：在马六甲的华语学校，有70位学者；新版汉语《新约》正在完成；其他的翻译和传教工作在教士们身体和能力允许范围内正顺利进行；广东政府颁布违法的几名在中国教区工作的中国人，已来到马六甲……（马礼逊、米怜，2009）所以，在《印中搜闻》第1卷第1期的11篇文章中，实际上有6篇文章关于中国，占了整个刊物的一半多，这其实就为本刊立足中国情况介绍定下了基调。

在第2卷第10期中（1819年10月出版），共有35篇文章（包括一则“咨询”），关于中国或与中国相关的文章共有18篇（包括海外华人教区信息），同样占总文章数的一半多，页面也占了23页，也几乎是总页面47页的一半；在第3卷第20期中（1822年4月出版），目录上共有21个题目（文章9篇、要闻12则），有19个题目直接与中国有关（7篇文章、12则消息），有1篇文章介绍在印尼摩鹿加群岛传教情况，还有1篇探讨印度和中国的妇女教育问题，应也与中国相关，因此，在最后一期《印中搜闻》中，关于中国或涉及中国的题目数量上占绝对优势（20题），尽管因为米怜当时身体不佳，最后两期的题目都不多，页数也不多，但从最后一期可知，关于中国的介绍对于《印中搜闻》来说已是重中之重。

从刊物栏目安排的调整上，也印证了白瑞华的观点，即马礼逊和米怜事实上也把《印中搜闻》“看成一个有关汉学的重要刊物。”以宣教及远东教区间交流为初衷的这本英文刊物，从第3卷第3期开始，就在刊物的栏目顺序和名称上做了调整。在米怜之前的发刊前言中，他把刊内文章分成3个栏目，其顺序为：（1）教区消息；（2）大众知识；（3）杂记（马礼逊、米怜，2009）。然而，这种顺序只延续了两期，第3期刊内栏目的顺序即调整为：（1）杂记；（2）随笔、传教士短文等；（3）东方教区消息；（4）宗教知识普及[2]（马礼逊、米怜，2009）；而第3卷第4期对栏目名称又做了调整，把杂记干脆改成了“印中杂记”，且增加了翻译栏目，在这一期的最后还特别刊登了启事，说明《印中搜闻》内容包括：“中国及其周边国家的各种知识信息；印度及中国相关的历史、哲学和文学；中文和马来文的翻译文章；宗教文章；印度及其他基督教区的传教信息”（马礼逊、米怜，2009：141）。因此，经过第5卷1–4期的栏目调整，《印中搜闻》的栏目名称及顺序基本稳定为：（印中文学）[1]、印中杂记、随笔、传教士短文等、（翻译）、东方教区消息、宗教知识及信

❶ 虽然英文“Chinese Priest”直译为“中国牧师”，但从文章内容看是指中国寺庙里的僧人，而不是时人理解的担当基督教宣教者的中国牧师，为避免歧义，此处译为“中国僧人”。

❷ 数字为笔者所加。

❶ 加括号的栏目表示并非每期都有。

息，等等，需要指出的是，不管是改变顺序前的“杂记”还是改变后的“印中杂记”，关于印度及其他周边国家的消息及介绍并不多，其内容主要是关于中国当时的国情及历史文化等的介绍，从第5卷15期开始增加了“印中文学”栏目，并放在首栏，其内容也主要是关于中国文学文化的介绍，因此可知，这本英文版的《印中搜闻》杂志，正如米怜和马礼逊在第四期启示中首先陈明，是以中国为中心的历史、文化、哲学的介绍和翻译为主。这无疑有些远离了他们创刊的宗旨，但却更加体现了本刊创刊人及主编马礼逊和米怜对汉语言文化的研究兴趣，体现了他们所做的汉学研究。

对其汉学研究内容稍作近观，可知二人对中国主要的兴趣及关注点有三：一是当时的中国社会状况、二是中国的语言文字、三是中国的哲学思想。仍以第5卷第1、第10和第20期为例，做一些说明。第1期中关于中国社会现状的文章就有：对中国死刑犯的处置、清茶门教及犹太人在中国的“挑筋教”；在这期的文章中或注释中多次出现汉字印刷，如“佛”“三十三重天”“神仙”“变化”等汉字，且还饶有兴趣地对“佛”对“神仙”用英语进行了解释，并对“奴才”和“臣”的称谓区别进行了说明；本期还摘译了一篇《神仙通鉴》中关于中国僧人谈基督的文章，且从对“佛”“神仙”“三十三重天”的解释中，也可知他们对于中国佛道的研究（马礼逊、米怜，2009）。在第10期的19篇关于中国的文章中，报道社会现状的文章占了大部分，比如中国官员免职、通奸和谋杀、钦差大臣之死等；本刊中出现中国汉字“高厚蒙求”“泰西”“女君”（马礼逊、米怜，2009），还专门刊登了一篇讨论翻译的文章，其中谈到中国佛经的翻译，并在中英语言比较的情况下对汉语言及其文化进行探讨；刊物中还出现了孟子的话（人之初性本善），体现了米怜对于儒家学说的钻研。第5卷在第20期中，大量报道时政消息：铅矿的开采、老臣解甲归田、通奸与谋杀、北京新闻，等等；本刊出现了众多的汉字，如老万山、澳门、九州、地狱、阴间、冥王等；此外，专门介绍中国古代关于天地的思想、中国的地狱，并在刊内文章中提到孔庙烧香等。以上观之，对于中国社会现状、中国语言文字及传统思想文化的报道及评论研究性文章，可以说贯穿本刊物的所有期刊，米怜和马礼逊两位编者和主笔对中国社会、中国文字、中国历史哲学正一步步按照其自身视角进行探究。

那么，马礼逊和米怜作为编者和主要撰稿人，在刊物中的汉学研究究竟有多少是他们自己所写呢？对于这一问题的回答，还需要做长期深入的研究，但可以肯定的是，他们作为主编和主笔，在对栏目及其顺序的安排上、在文章的选择上，如上所述，都凸显了其汉学研究活动；再者，刊物大量来自广东的报道，以及有些署名是Amicus的翻译文章，据吴义雄推测，应为“资深传教士、《印中搜闻》的发起人马礼逊”，其理由是，“在当时的广州英人中，有如此的中文水平、且对《印中搜闻》有如此热情的人，应该再也找不出来了”（吴义雄，2010：77）；而米怜在《印中搜闻》中的主笔作用，经吴义雄先生研究和考证，应是被称之为“博爱”（“Poh-Gae”）的人，因米怜在《察世俗》中撰文的笔名即为“博爱者”，这个《印中搜闻》中的博爱者，被证实许多重要文章都是他所撰写，比如第5卷第18号发表了

《论为异教徒所作基督教出版物之风格问题》一文，就是转述博爱者米怜的观点（吴义雄，2010），而《印中搜闻》第5卷第16期发表了一篇《论译名》的读者来信文章，麦都思等传教士后来引用这篇文章时都指出，是援引米怜的观点，因此，这篇重要文章《论译名》应确认为米怜所作[1]。

马礼逊和米怜在马六甲进行的汉学研究，主要体现在《察世俗》和《印中搜闻》中，遗憾的是，这两本具有开拓性的刊物都因“米怜的去世戛然而止”，否则，正如吴义雄所言“更多的中国文化典籍将在该刊得到介绍”（吴义雄，2010：80–81）。如果说马礼逊之于《察世俗》主要是策划人，是米怜担当该报刊大部分的编辑撰稿工作，是米怜在长期坚持传教的同时进行汉学研究，那么，《印中搜闻》则更多地体现了马礼逊和米怜在汉学方面的共同努力。需要指出的是，他们在马六甲的汉学研究不仅仅局限于这两个刊物，还体现在他们一起在马六甲创办英华书院，体现在他们共同进行《圣经》的中文翻译。1819年，马礼逊与米怜共同翻译完成了《旧约全书》，取名《神天圣书》，而就在米怜去世的第二年（1823年），由马礼逊继续翻译的《新旧约全书》在马六甲出版，这本中文版《圣经》及其他们的中文翻译活动，不仅在中西文化交流史上意义重大，也是马礼逊及米怜对中国语言文字及历史文化的研习所得。

五、结　语

马礼逊与米怜分别是第一位和第二位英国伦敦教会派往中国开拓新教区的基督教新教传教士。他们拉开了英国19世纪早期汉学研究的序幕，主观上是推行以中国语言和文化来宣传基督教教义的传教策略，客观上却促进了欧美学者和普通读者对当时闭关自守的中国社会、中国哲学、中国历史文化等的了解，为西方人认识19世纪初期的中国社会状况、了解中国古代历史文化打开了一扇窗户。

需要指出的是，马礼逊和米怜是以自己西方传教士的身份、用自己西方传教士的视角来考察中国社会现状、中国历史文化和哲学思想，他们进行汉学研究的动因、宗旨和目的都是为了在中国开辟基督教领地，因而，他们更多地注意当时中国社会的阴暗面、“异教”中国及中国文化传统的迷信思想等，他们即使认同中国儒道释的有些思想，也是为了用儒道释的语言及思想来进行基督教义的宣传，如在《印中搜闻》中一而再再而三地详细报道中国每年处置许多死刑犯、通奸和谋杀，批评中国妇女“无才便是德”的思想等。总之，其汉学研究受到其传教士身份的限制、受到19世纪中国历史背景的限制，不可能做到全面深入、客观公正地研究和阐释中国社会状况、中国历史文化和哲学思想。

本文重点选取两本刊物对马礼逊和米怜在马六甲的汉学研究做了概览性综述。探究马

[1] 《印中搜闻》第10号中也有一篇《论翻译》的文章，署名为Amicus，若据吴义雄推测，应为马礼逊所作。

礼逊和米怜在马六甲进行的第三方汉学研究，还有许多可以深入的空间和新的领地，比如，可对他们在《印中搜闻》中对中国典籍的英译进行专门研究，以考察其译介中国文化典籍、中国历史哲学的正误及其背后更深层的文化原因，有利于更深入地了解他们汉学研究的价值和作用；再如，作为主编的米怜和马礼逊在《察世俗》和《印中搜闻》中对中文故事、儒道思想的选择性介绍、两本刊物中究竟有哪些为米怜和马礼逊撰稿、还有其他什么人撰稿，等等，这些问题的考察和探究，对英国及西方的汉学研究史、对中西文化的交流方式的进一步探讨，都有所帮助。

参考文献

[1] 程丽红. 论《察世俗每月统记传》的读者观念[J].辽宁大学学报，2000（6）：33-35.

[2] 董锦瑞.早期中文外报受众意识探析[EB/OL].(2005-04-05)［2014-09-04］. http://media.people.com.cn/GB/22114/44110/44111/3295990.html.

[3] 方汉奇主编.中国新闻事业通史第1卷[M]，北京：中国人民大学出版社， 1996.

[4] 孟华.汉学与比较文学（多边文化研究第3卷）[M]. 北京：北京大学出版社， 2005.

[5] 马礼逊，米怜主编.印中搜闻（Indo-Chinese Gleaner， 1817-1822）[M]. 北京： 国家图书馆出版社，2009.

[6] 宁树藩.《察世俗每月统记传》评述[J]. 新闻大学，1982（4）：64-70.

[7] 王国强. 试论《中国评论》在西方汉学史上的地位和价值[J]. 史林，2008（3）:170-183.

[8] 王辉，叶拉美. 马礼逊与马士曼的《大学》译本[J]. 中国文化研究所学报，2009 (49):413-427.

[9] 谭树林. 马礼逊汉语教学活动述论[J]. 暨南史学，2012（7）:189-219.

[10] 吴义雄.《印中搜闻》与19世纪前期的中西文化交流[J].中山大学学报，2010（2）:70-82.

[11] 尹延安.传教士中文报刊译述语言文化研究（1815-1907）（D）. 上海：华东师范大学， 2013.

[12] [新加坡]卓南生著，张国良译. 新教在马六甲的传教和《察世俗每月统记传》的诞生[J].新闻研究资料，1992（1）:163-184.

作者简介

周彦（1964—），女，广西民族大学外国语学院教授，硕士，研究方向：英美文学、翻译理论与实践，E-mail：zhouyanyanzhou@qq.com。

张建英（1982—），女，广西民族大学外国语学院讲师，硕士，研究方向：文化研究、翻译理论与实践，E-mail：jianying45@aliyun.com。

试论王熙凤行政管理思想和实践的创新性
——以协理宁国府为例

叶　雷

（北京第二外国语学院，北京，100024）

【摘要】王熙凤协理宁国府是《红楼梦》里一个非常重要的情节。曹雪芹通过细致精彩的描写，全面深刻地揭示了宁国府内部严重的行政管理问题，淋漓尽致地表现了王熙凤卓越的行政管理才能，也表达了自己的行政管理思想。本文从行政管理的视角来解读这一情节，尝试总结并分析王熙凤和曹雪芹在行政管理方面的创见，包括勇于承担行政管理责任、客观分析行政管理问题、勇于创新、违规必究、勇于打破"人情观"等，以期为解读《红楼梦》提供一条新思路。

【关键词】《红楼梦》；王熙凤；行政管理；创新性

一、引　言

在王熙凤的诸多特点中，"才"是最突出的，判词里就独写"都知爱慕此生才"，未涉其他优缺点。其"才"，不同于黛玉的"咏絮才"，而是齐家的才能，是一种管理才能。贾府是显赫强盛的贵族大户人家，其家庭事务管理者属于官僚阶层，管理内容也涉及官民关系，对当时社会生活影响很大，带有明显的行政管理性质。王熙凤作为荣国府执掌管家实权的少奶奶，其管理才能可以说也是行政管理的才能，反映了曹雪芹的行政管理思想。王熙凤是一个文盲，其行政管理思想与具体实践自然与那些饱读诗书的贵族妇女不一样，带有明显的创新性。本文尝试以书中一个重要情节"王熙凤协理宁国府"为例，透过王熙凤在行政管理方面的想法、做法和管理成效，分析王熙凤和曹雪芹自身的行政管理思想，以期为《红楼梦》的研究添砖加瓦。

二、文献综述

将《红楼梦》与行政思想结合的研究，目前在中国知网上尚未搜到。但有不少论文将《红楼梦》与政治研究相结合（如王蒙，2014；周振甫，2001）；周汝昌、刘心武、蔡义江等的红楼梦研究著作中也有很多与政治结合的研究。这种结合从20世纪70年代起便已经开始，但从已有文献来看，研究仅限于高政治层面，极少就具体的行政问题进行论述。在管理方面，将《红楼梦》（尤其是王熙凤）与企业管理和人力资源管理结合的研究较多，在中国知网上有20余篇，且绝大部分与王熙凤协理宁国府有关（如吴淑芳，冯兆中，2008；贾辉，2013）。对王熙凤的研究则汗牛充栋，许多学者都有专论（如李希凡，2008）。对于古代行政管理思想的研究也有很多（如汪荣海，佟福玲，1999；张磊，罗思洁，刘静，2014）。相关研究对于本文的研究有很大帮助，本文有比较充实的研究基础。

三、“金紫万千谁治国？裙钗一二可齐家”——王熙凤对当时行政管理状况的思考

荣宁二府作为当时封建社会大家族的缩影，其行政管理在当时的社会封建大家族中很有代表性，对当时整个社会的行政管理也有很大影响。书中通过王熙凤的视角，生动简洁地描写了宁国府在将治家权力交托给王熙凤之前的行政管理状况：

“头一件是人口混杂，遗失东西；第二件，事无专执，临期推诿；第三件，需用过费，滥支冒领；第四件，任无大小，苦乐不均；第五件，家人豪纵，有脸者不服钤束，无脸者不能上进。此五件实是宁国府中风俗。”［《红楼梦（上、下）：八十回石头记：周汝昌精校本》，海燕出版社，2004年9月第1版，第170页。以下该书引文仅标注页码］

通过上述文字，从总体来看，王熙凤是非常不满意当时宁国府的行政管理状况的。从行政管理角度看，她分析了下表所示的行政管理问题：

序号	王熙凤眼中的问题	所属行政管理研究范围	从行政管理视角对问题的分析
第一件	人口混杂，遗失东西	行政组织、人事行政、社区管理	行政管理缺位 （无法提供有效公共服务，公共财产安全无法保障，无秩序）
第二件	事无专执，临期推诿	人事行政、行政组织、行政监督	人事行政失败、组织管理混乱、内部行政监督缺位 （权责不明、效率低下、缺乏监督）
第三件	需用过费，滥支冒领	公共财政、内部行政监督	公共财政管理混乱，内部行政监督缺位（财政不公开透明、监督缺位）
第四件	任无大小，苦乐不均	人事行政、行政组织	人事行政失败、组织管理混乱 （分工不合理、不公平）
第五件	家人豪纵，有脸者不服钤束，无脸者不能上进	人事行政	人事行政失败 （激励措施缺位或失败）

从上表可以看出，王熙凤总结出的宁国府行政管理的存在问题包括五个大方面，都属于行政管理的重要研究内容。首先，行政管理缺位。宁国府行政管理松散，秩序混乱，公共服务缺位，公共财产安全得不到保障（“各房中……趁乱失迷东西”，“无头绪、慌乱推托”，“窃取等弊”，第174页），连下人自己也说“都特不像了”（第167页）。其次，人事行政失败。宁国府的人事行政存在权责不明、分工不合理、监督不力、激励措施失败等问题。书中说“众人……先时只拣便宜的作，剩下苦差没个招揽”“先前一个正摆茶，又去端饭，正陪举哀，又顾接客”（第174页），就是这方面的事例；第三，公共财政管理混乱。宁国府的财政管理既没有统一标准，也缺乏有效监管，财政制度几近瘫痪（“滥支冒领”）。

第四，组织管理混乱。组织内部存在管理不公平、分工不合理、监管缺位等严重问题（“无头绪、慌乱推托、偷闲、窃取等弊”，第174页）。第五，内部行政监督缺位。封建社会基本不存在外部行政监督，而宁国府的内部行政监督几乎是一片空白，导致无法对行政管理活动进行有效约束（“需用过费”“临期推诿”“家人豪纵”）。这些问题导致宁国府的行政管理混乱不堪，难以正常运转，损害公共利益。王熙凤要纠正这些问题，必须采取多条有效措施，对症下药。

四、“你是个脂粉队内的英雄，束带顶冠的男子也不能过你”——王熙凤采取的有效行政管理措施

为了恢复宁国府的行政管理秩序，帮助宁国府有效运转，完成秦氏的出殡任务，王熙凤有针对性地采取了各项措施，并取得了良效，详见下表。

序号	宁国府存在的行政管理问题	王熙凤采取的措施	取得的实效
1	行政管理缺位	决心采取整治措施，恢复行政管理活动： 1. 按时理事（“天天于卯正二刻就过来点卯理事”，第174页）； 2. 勤奋治家（“那凤姐不畏勤劳”，第174页）； 3. 立定规矩（“再不要说你们这府里原是这样的话，这如今可要依着我行，错我半点儿，管不得谁是有脸的，谁是没脸的，一例现清白处治”，第173页）	1. 由于王熙凤“是个有名的烈货”，她的“管理内事”，马上使得宁国府下人认为“须要比往日小心些”，效果已自然产生（第173页）； 2. 王熙凤勤奋理事，立定规矩，使得行政管理有一位称职的负责人，也有据可依。众人不仅有明确的任务（“众人……也都有了投奔”“那凤姐不畏勤劳”，第174页，），而且有规可依，工作效率大为提高，效果大幅改善，行政管理产生了良好效果，不再让人感到行政管理缺位（“各房中也不再趁乱失迷东西”第174页，“筹画得十分整肃”，第179页）
2	人事行政失败	1.查看家口花名册，并按照个人特点分派任务（“吩咐彩明念花名册，按名一个一个的唤进来看视”，“这二十个分作两班，一班十个，每日在里头单管人来客往到茶，别的事不用他们管……就和守这处的人算账描赔。”第173页，第174页）； 2.明确确立办事规矩和府内纪律（“既托了我，我就说不得要讨你们嫌了。我可比不得你们奶奶好性儿，由着你们去。再不要说你们这府里原是这样的话，这如今可要依着我行，错我半点儿，管不得谁是有脸的，谁是没脸的，一例现清白处治。”第173页）	王熙凤在这方面采取的措施是最多，也是最有效果的。不仅充分利用了宁国府的人力资源，建立起清晰合理的分工（“众人……也都有了投奔”，第174页），而且使宁国府整个管理系统按时有效运转了起来。另外，也形成了遵纪守法的局面（“众人不敢偷安，自此兢兢业业，执事保全”，第176页）

（续表）

序号	宁国府存在的行政管理问题	王熙凤采取的措施	取得的实效
2	人事行政失败	（“来升家的每日揽总查看，或有偷懒处，赌钱吃酒处，打架办嘴等事，立刻来回我。你若狗情，经我查出，三四辈子的老脸，就顾不成了。如今都有了定规，以后哪一行乱了，只和哪一行说话。素日跟我的人，随身自有钟表，不论大小事，我是皆有一定的时辰。”第174页）； 3.实行部门分管制，明确责任归属（“如今都有了定规，以后哪一行乱了，只和哪一行说话。”） 4.明确进行分工，分工内容明确，权责相符（“这二十个分作两班，一班十个，每日在里头单管人来客往到茶，别的事不用他们管……就和守这处的人算账描赔。”）； 5.违规必罚，绝不手软（第175. 176页，有人迟到，被打二十大板）	王熙凤在这方面采取的措施是最多，也是最有效果的。不仅充分利用了宁国府的人力资源，建立起清晰合理的分工（“众人……也都有了投奔”，第174页），而且使宁国府整个管理系统按时有效运转了起来。另外，也形成了遵纪守法的局面（“众人不敢偷安，自此兢兢业业，执事保全”，第176页）
3	公共财政管理混乱	心中谙熟财政细节，如有滥支冒领情况，不予批准（“这两件开销错了，再算清了来取”，第176页）	财政管理有序、合理，节省不必要的开支
4	组织管理混乱	1. 做好时间管理（“素日跟我的人，随身自有钟表，不论大小事，我是皆有一定的时辰。”第174页）（第175. 176页，有人迟到，被打二十大板）； 2. 做好信息沟通工作（亲自审理各种事项，明确权威来源，明确任务内容，如书中说“那凤姐不畏勤劳，天天于卯正二刻就过来点卯理事”）； 3. 设立共同目标（“说不得咱们大家辛苦这几日罢，事完了，你们家大爷自然赏你们。”第174页）	宁国府有效运转，井然有序。（“众人……也都有了投奔，不似先时只拣便宜的作，剩下苦差没个招揽”“如这些无头绪、慌乱推托、偷闲、窃取等弊，次日一概都蠲免了。”第174页）
5	内部行政监督缺位	1. 以身作则（说好卯正二刻过来，从不差误）； 2. 明确内部监督人员（来升）	组织运行平稳，出现问题能及时纠正

从上表可以看出，王熙凤对症下药，采取的各项措施都合理正确，并且能以身作则，贯彻始终。这些措施，在当时的社会，曹雪芹特意安排由一位不识字的女士来制定和实施，并写道贾府上下只有王熙凤一个人能解决诸多问题（“我想了这几日，除了大妹妹再无人了”，贾珍语，第169页），是用心良苦的。王熙凤的行政管理思想和措施带有明显的创新性，也反映了曹雪芹在行政管理领域的创新性思想。

五、王熙凤行政管理思想和实践的创新性

从以上论述可以看出，王熙凤使用新颖的行政管理理念和做法，解决了宁国府行政管理存在的诸多严重问题。她之所以可以解决这些问题，与其不受封建传统约束的创新性行政管理思想和实践是密不可分的。

1. 有胆色，勇于承担责任，勇于应对困难局面。书中说贾珍进上房来，“众婆娘唿的一声，往后藏之不迭，独凤姐款款站了起来”（第169页），又说“那凤姐素日最喜揽事办”（第169页），写出王熙凤与其他封建贵族奶奶不同之处。一般的贵族奶奶等闲不肯见人，更不用说遇到困难状况时迎难而上了。即使有心揽事，也是欲拒还迎，扭扭捏捏，不像王熙凤直接向王夫人要求让自己承担任务（“大哥哥说的这么恳切，太太就依了罢”，第169页）。封建社会历代所推崇的委婉被动，王熙凤完全不放在眼里，相比之下，诸葛孔明出仕的“三顾茅庐”被人津津乐道，在王熙凤看来应该简直像“粧蚊子哼哼”（第345页）了。有才干的人，如果能解决问题，为众人谋福利，就应该在关键时刻站出来，“毛遂自荐”。这种勇气，在男尊女卑的封建社会，是难能可贵的，甚至具有一定的革命性。

2. 就事论事，客观分析问题。遇到类似情况，如果换了其他奶奶或小姐，可能会首先考虑到自己的尊贵身份，考虑应该如何行事周全（参看段吉方，2002）。但王熙凤并没有想到自己是不是要做个优雅贤惠的家庭妇女，要如何三从四德，如何温柔和顺，而是抛开各种道德观念，各种儒家“精神”，也根本没有理会儒家的什么“推己及人”的“忠恕之道”（参看张磊，2014），马上客观地分析问题并解决问题。换了秦氏、尤氏和李纨之流，肯定首先想着要内敛，要顾全脸面，要皆大欢喜，结果既找不到客观原因，又无法制定有效措施（参看段吉方，2002；罗益强，2012）。王熙凤这种就事论事的思维方式和实用主义的思想，在行政管理领域非常重要，但在“人情”当道的封建社会中，极其罕见，不能不说显示出了非常明显的创新性，当时很多治国的“金紫”，如贾雨村之流，都要自愧不如。

3. 勇于创新，不受已有规则所限。她说：“再不要说你们这府里原是这样的话，这如今可要依着我行，错我半点儿，管不得谁是有脸的，谁是没脸的，一例现清白处治。”这样的话，一般封建社会的男性官员也不一定敢说出口。但是，在今天看来，如果之前的做法是错的，就应该明确指出，而不是处处维护。王熙凤不仅明确否定了以前宁国府的种种不妥做法，还勇于制定各种新的规则，如明确权责和分工、严格时间管理等。这种能力和勇气，正是封建社会诸多“金紫”缺乏的。

4. 做事清晰，违规必究，决不含糊。她一掌握宁国府的行政管理权，马上定造簿册，要来花名册（第173页），对宁国府情况做到了然于心。事情有差错，她绝不支吾含混，而是当场让人重新办理。在分工上，她也分得清晰细致，绝不相犯。在时间上，她也非常严格，迟到必罚。结果，她将宁国府管理得井井有条。这种清晰细致的管理方式，在当时也是非常有创新性的。这与贾宝玉后来揽下玫瑰露的事情，平儿主张不要责罚坠儿的事情，尤氏对于贾

琏偷娶尤二姐的态度，迎春“不问累金凤”的态度，都形成了鲜明对照。整个贾府上下，只有王熙凤（当然，至少还有贾母和晴雯，但这两个人物在这方面的事迹较少，又不是理家的人）敢于做到有错必纠，绝不叫人蒙混过关。在当时的封建社会，行政管理风气还是如贾雨村“葫芦僧乱判葫芦案”一样，对于社会上各种违法违规之事，常常支吾应对，并没有真正落实、贯彻法规法律，以致社会秩序混乱，有法不行（薛文，1978；魏胜强，2006）。王熙凤这种做事清晰、违规必究的行政管理态度，在当时实属难得。脂批也有云：“请看凤姐无私，犹能整齐丧事，况丈夫辈受职于庙堂之上，倘能奉公守法，一毫不苟，承上率下，何有不行。”

5. 勇于打破“人情”观，敢于“不认得人”。王熙凤做事，雷厉风行，“一时恼了，不认得人的”，敢说“这如今可要依着我行，错我半点儿，管不得谁是有脸的，谁是没脸的，一例现清白处治。” 这在深奉“人情练达即文章”和尽力维护人情脸面的封建社会，无疑是具有明显的创新性的。很明显，如果王熙凤也像尤氏、秦氏之辈一样，是温柔贞顺、多方周全的封建贵妇人，必然无法收拾宁国府的混乱局面［“我们里面也须得他来整治整治，都特不像了（第167页）”］。曹雪芹假托王熙凤其人其事，表达了自己对封建“人情观”“情大于法”的传统行政管理观念的否定。可以说，在封建社会，这种“人情观”，无疑是扼杀行政管理正常运转和发展的一个重要因素。如果大家都如此顾及情面，错不能罚，令不能行，法不能贯，行政管理便失去了生存的土壤。社会的行政管理处于缺失状态，又如何保证秩序、公平、回应性和效率呢？王熙凤身为一弱质女流，勇于打破人情铁律，以其卓越才智和超凡意志施行有效合理的行政管理措施，无怪乎曹雪芹称赞她“脂粉队内的英雄，束带顶冠的男子也不能过你”（第163页），这是曹雪芹对王熙凤爱惜珍重之至之语。在王熙凤的行政思想和实践中，这一特点可以说是最具创新性的。

尽管王熙凤的很多行政管理思想都在一些中国古代经典作品中出现过（参看汪荣海，佟福玲，1999），但是，真正将这些正确的思想与实际问题相结合，并落到实处，还是需要一定的创新性思维和做法的。

六、对当代行政管理的启示

王熙凤的行政管理思想和实践，对于当今的行政管理也是有启示意义的。首先，在遇到行政管理问题的时候，应该有人勇于承担责任，有效解决问题，最大限度减少居民的损失。其次，要勇于打破常规，采用新的行政管理办法。现代行政管理问题非常复杂，社会环境也经常改变，新问题、新挑战层出不穷，如果没有创新的观念，没有采取新措施的魄力，很多问题将无法得以妥善解决。第三，行政管理要细致，有针对性，而且法令、政策和措施一旦确定，必须贯彻到底，不能含糊支吾，睁一只眼闭一只眼，导致法令、政策和措施最终成为一纸空文。最后，在行政管理中，要勇于打破“人情”锁链，必须就事论事，不得动不动就顾及多方情面，导致问题搁置，甚至恶化。

可以说，曹雪芹心目中理想的行政管理人员，并不是饱读诗书、满口仁义道德的古代“君子”，而是像王熙凤这样只字不提诗书、勤奋踏实、直面问题、勇于创新、有才能有魄力的人。可惜的是，王熙凤正因为坚持采取了正确的行政管理措施，并且取得了良好的效果，反而得罪了很多人（平儿语），加上自身的一些缺点，最终并没有落得善终的下场，这在曹雪芹看来，是非常可悲可惜的（“生前心已碎”，“枉费了，意悬悬半世心。”第73页）。王熙凤操碎了心，依旧无法挽回贾府的败局。

曹雪芹通过对王熙凤的创新性的行政管理思想和实践的生动描写，表达了其自身颇具创新性的行政管理主张。但同时曹雪芹也表达了一种消极的观点：在封建社会，这种创新性的思想和做法会得罪很多人，最后只会很快垮台（脂批说她“短命”，判词说她“一从二令三人木”，第68页；曲子说她“叹人世，终难定”，第73页）。这表达了一个更深刻的观点：在封建社会，并不是正确的思想和做法就能够被接受、被采用的，反而一个有能力、有思想的人，可能命运悲惨。如今封建时代已经离我们很远了，我们已经进入了社会主义文明阶段，各方面都非常和谐完善，但如疾病、污染等行政管理问题在世界范围内都存在着，社会仍然应该提升对行政领域人才和创新性思想的关注度，更加包容人才，信任人才，充分利用人才，也要更重视创新性思想，以期不断提高社会主义和谐社会的行政管理水平。

参考文献

[1]（清）曹雪芹．红楼梦（上、下）：八十回石头记：周汝昌精校本[M]. 郑州：海燕出版社，2004.

[2]（清）曹雪芹，脂砚斋．脂砚斋评石头记[M]. 上海：上海三联书店，2013.

[3] 丁煌．西方行政学说[M]. 北京：中央广播电视大学出版社，2009.

[4] 李辰东.红楼梦研究[M]. 北京：中国三峡出版社，2011.

[5] 蔡义江.红楼梦诗词曲赋鉴赏[M].北京：中华书局，2008.

[6] 周汝昌.红楼梦新证[M].南京：译林出版社，2013.

[7] 张磊，罗思洁，刘静. 儒家行政思想的现代性探悉[J]. 长江师范学院学报，2014（2）:75-78.

[8] 段吉方. 红楼“尴尬人”——论尤氏[J]. 南宁师范高等专科学校学报，2002（2）:26-29.

[9] 汪荣海，佟福玲.中国古代行政伦理思想与现代行政伦理学[J].北京大学学报（哲学社会科学版），1999（3）:21-29.

[10] 李希凡，李萌.都知爱慕此生才——王熙凤论[J]. 红楼梦学刊，2011（4）:1-28.

[11] 吴淑芳，冯兆中.王熙凤协理宁国府的管理艺术[J]. 企业管理与改革，2008（2）:44-45.

[12] 罗益强.2001-2010秦可卿研究述评[J]. 襄樊学院学报，2012（3）:48-54.

[13] 薛文.《红楼梦》中的一个纲领性章节——第四回“葫芦僧判断葫芦案”试析[J]. 北京师范大学学报（社会科学版），1978（5）:61-66.

[14] 魏胜强.作为法官的贾雨村——评《葫芦僧判断葫芦案》[J].当代法律论坛，2006（1）:124-126.

[15] 王蒙.《红楼梦》中的政治[J]. 领导文萃，2014(7):84-86.
[16] 周振甫.《红楼梦》中的一首政治诗[J]. 红楼梦学刊， 2001（4）:288-290.
[17] 贾辉.王熙凤协理宁国府对绩效管理的启示[J]. 企业管理与改革， 2013(8):62-63.

作者简介

叶雷（1983—），男，北京第二外国语学院应用英语学院研究实习员，硕士，研究方向：古典文学、行政管理，E-mail：syueji@163.com。

英国古装电视剧的启示

耿雪梅

（北京广播电视台，北京，100022）

【摘要】英国古装剧近年来不仅成功地走俏全球电视剧销售市场，更成为跨国文化传播和英国文化外交与国际形象塑造的有效典范。本文从英国古装剧的起源——将本国文学名著改编成广播剧开始探究，随着现代电视技术手段和表现手段的丰富，英国古装剧不断创新形式、完善类型、不再仅仅局限于文学经典的改编，在与时俱进的创新和创作中，始终坚守了自己的艺术特色。通过研究英国古装剧成功的模式、机制和原因，为我国古装剧创作走向世界寻找启示。

【关键词】英国古装剧；文学经典；中国电视剧；走出去

一、引　言

英国的电视制作产业富有创造力，是英国文化创意产业中最成功、最具影响力的领域。其中，古装电视剧更是英国影视业的一大骄傲，在国际上享有盛名。无论是改编于经典英国文学名著的作品，还是以历史时代为背景创作的电视连续剧，都以鲜明的英伦特点，成为英国文化软实力的卓著象征，不仅为其电视产业带来了滚滚的现金流，更以其强大的文化传播能力成功地实现了一国文化外交的价值。分析和研究英国古装电视剧的特点与创作规律，对我国同类型电视剧的创作和生产水平的提高，推进中国文化产品走出去，在全球范围促进优秀的中华文化的深入广泛传播，具有极大的借鉴作用。

二、英国古装电视剧的沿革和现状

根据百度《电视剧类型研究》的定义，古装剧就是以古代生活为题材的电视剧。在维基百科对电视剧的39项子分类中，古装剧是指时代背景设定为古代的电影、电视剧及舞台剧，亦包括架空历史但穿着古装并模仿古人习惯的作品，演员们也会穿着古装登场。上海电视节白玉兰奖评委、英国广播公司电视系列片和连续剧的资深制片凯文洛德先生介绍，英国古装剧原文“CLASSIC DRAMA”，是一个多义的词汇，同时含有经典、古典的意思，在拥有60余年电视历史的英国，古装剧最早指的是根据英国和欧洲文学名著改编的，供大众消费的文化产品。“这些节目是BBC出口到世界的主要产品，并为之赢回了质量的声誉”。

从20世纪50年代起，BBC定期播出根据英国和欧洲文学名著改变的电视剧，不仅有狄更斯、奥斯汀的作品，还有托尔斯泰、莫泊桑、赫胥黎甚至陀思妥耶夫斯基的作品。当时的电视剧多是在摄影棚里拍摄，以对白为主，依靠编剧技巧进行电视化的改编，很难有电影的特性，尽管叙事技巧幼稚，BBC依然在小小的摄影棚里拍出了《战争与和平》这样的大戏。80年代以后，英国的导演和制片人们开始在外景拍摄有大场面的古装剧。描写“二战”期间巴尔干地区故事的作品《战争的命运》，第一次在巴尔干地区拍摄，场面相当壮观，BBC的导演首次乘坐飞机在金字塔上空拍摄。1985年，根据狄更斯的小说《荒凉的山庄》改编的电视剧，标志着英国古装剧的拍摄进入了一个完全可以和电影相媲美的崭新阶段，自从40年代著名导演大卫里恩用黑白片拍摄过狄更斯的作品以来，《荒凉的山庄》的设计可以同故事片的质量相比，创造了古装剧的新的制作标准，达到了电影化的表现手法。随着观众对古典作品改编不断有着新的要求，随着电视拍摄技术手段地不断进步，英国古装剧也在不断的改进中，1995年BBC出品的六集古装剧《傲慢与偏见》获得了海外发行的巨大成功，赢得了众多奖项并受到世界的欢迎。

在全球电视市场上，一直以来，美剧和英剧就在不相上下地争夺老大的位置。而最近的资料显示，2010年以来，以古装剧为主要形式的英剧已经完全击败美剧，当之无愧地坐稳了全球电视剧市场和观众口碑的第一交椅。2012年，英剧在国际市场的销售额达12.2亿英镑，较2004年增长了4倍。美国已经成为英剧最大的市场，仅2012年，美国就花费了4.75亿英镑购买英国电视节目。在中国，英剧的销售额也增加了90%，利润达到1200万英镑。这种成绩的取得，不能不说是英国古装剧凭借内容题材与艺术风格和好莱坞以市场为导向的错位竞争，保持自己特色的成功。凯文洛德说，“近来英国流行拍古装剧，尽管找那种18世纪的四轮马车和服装都不容易，我们不会停止为观众拍高制作水准的作品，……，我们相信在下一个30年里，他们依然受欢迎，好莱坞也认识到好故事差不多已讲尽，也同我们争夺起四轮马车和相间别墅来了，我们只希望新一代的电视制作者有所创造，走出新的古典作品改编的路子。”

三、英国古装电视剧的类型

1. 名著改编

英国古装剧最主要和历史最为悠久的类型。英国和欧洲文学历史上名垂青史的作品几乎都被BBC搬上过屏幕，有的还不止一个版本，从莎士比亚的四大名著到简·奥斯汀的英伦小镇风情画、从狄更斯反映社会变迁的深刻力作到勃朗特姐妹的浪漫爱情小说；从俄罗斯列夫托尔斯泰的《战争与和平》到法国福楼拜的《包法利夫人》，其搬演的范围和作品数量不胜枚举。名著改编是英剧最吸引广大剧迷和为英国赢得众多全球影视专业奖项的主力军。

2. 名著的创新性改变

名著改编的英国古装剧以其对原著高度忠实的严谨风格享誉世界，独树一帜，然而观众的欣赏心理在21世纪却发生了不可忽视的变化，以戏说、穿越为代表的荒诞幽默风格极大地冲击着原来一板一眼的英国古装剧。在来势凶猛的新形势下，传统经典的英国古装剧也以大胆的创新迎头赶上，其恶搞的理念与尺度充分反映了英式黑色幽默的特色。在经典的《福尔摩斯探案集》中，华生医生开始写的是网络博客而不是小说中的日记；他与福尔摩斯的交流不再是纸条和书信，代之以电话和手机短信。这部被网友称为腐剧的《福尔摩斯探案集》以21世纪的伦敦为背景，众多时尚元素的加入和对原著核心精神的把握，使得它迅速席卷了荧屏。更为大胆的是，在英国文学史上享有至尊地位的莎翁作品里的台词和情节不仅被恶搞和嫁接，连莎翁本人也会穿越到各个朝代中来。

3. 以历史时代为背景进行创作的作品

经典的文学名著毕竟是有限的资源，而市场和观众的需要却是与时俱进，因此，不少优秀的由当代剧作家创作的作品应运而生。这些作品凭借一定的历史根据或根本没有历史依据，更多地是虚构故事和人物，在古装形式的背后，更多关注的是当代观众的审美需求。例如，英国独立电视台（ITV）出品、曾获得过奥斯卡最佳编剧奖的朱利安费罗斯（Julian Fellows）创作的《唐顿庄园》，演绎了1912—1914年，唐顿庄园的葛量洪伯爵一家几代人和主仆两个阶级的故事，其所折射出的乔治五世时期的英国文化和价值观念，在当代依然产生了巨大的审美价值。自2010年首播以来，在英国，第一季1180万观众的高收视率意味着全英人口的六分之一都在观看这部连威廉王子及王妃凯特也在追的英国迷你剧。即便在美剧横行的美国，该剧平均每集收视人数也达到了600万，全球观众达1.6亿。随后，它获得了英国国家电视奖、美国电视艾美奖、金球奖，并被吉尼斯世界纪录以“2010年全世界最受欢迎的电视剧”之名收录成为第一部获此殊荣的英剧。

四、英国古装电视剧的特点

1. 源远流长的历史和丰厚的文学资源是英国古装剧创作的源泉

英国文学的繁荣，是随着14世纪资本主义的兴起而开始，到了16世纪，以戏剧的成就为最大，作家们把戏剧当作最能生动反映现实，表达思想的文学形式，以莎士比亚为代表的一批作家把英国戏剧推向了高度成熟的阶段。18世纪，英国小说达到了很高的水平，并且这个时期开始，文学已经成为商品，作家逐渐成为一种职业。19世纪三四十年代以来，以狄更斯、萨克雷、夏洛蒂·勃朗特和盖斯凯儿夫人为代表的一批出色小说家，将笔端大量倾斜向英国社会中的小人物，反映他们的生活和命运。丰富的文学资源成为英国古装剧创作取之不尽用之不竭的源头。从1938年开始，英国广播公司在每周五晚间固定播出的经典文学作品广播剧或专题节目，就成为全国最有影响力的一档节目，尤其在“二战”时期，成为鼓舞全国人民英勇抗战的重要精神力量。由此可见，英国古装剧创作的渊源之深。

2. 忠实于原著的现实主义表现手法和结合时代特征的创新性改编

由于深厚的文学传统和大量改编自文学经典作品，忠实于原著的思想主题和人物性格，逼真再现历史场景和时代风貌，成为了英国古装剧创作无须强求，自发自觉的基本要素和特征。随着电视剧播出量的日益加大和文学经典作品数量有限，虽然长篇小说和电视连续剧在篇幅长短上彼此契合，但是由于小说的叙述方式和以画面与人物对话为主要形式的电视剧之间还有很大不同，一些优秀的剧作家成功地将一些小说中的心理描写改编成了人物对话。1990年，英国广播公司成功地将一部18世纪的书信体小说《克拉丽莎》改编成电视剧，作者用打斗、追逐的场面成功地增强了这部作品的视觉性，同时忠诚地体现了原著中的女权主义思想。

无论是经典文学名著的改编，创新性改变，还是完全重新创作的古装剧，对细节的历史真实性要求很高是贯穿英国古装剧的一大特点。从人物语言、服饰到时代环境、道具的精益求精力求还原，是英国古装剧品质的一大保证。这一点，在新近创作的《唐顿庄园》中得到充分体现。

3. 体现英国人文地理特色的跨国文化传播策略

英国古装剧作为在全球树立英国形象的文化产品，透过镜头，无时无刻不在展现鲜明的人文地理等国家特色。古装剧的拍摄选址大都在真实遗留下的古堡和小镇上，充分展现本国历史悠久的建筑和优美的自然风景。古装剧《傲慢与偏见》宛如一部展示英国历史人文与地理自然风光的纪录片，男主角达西的扮演者科林・费尔斯，作为奥斯卡影帝，不仅演技卓然，而且从外形和气质上完美演绎了当时英国贵族青年的人物内涵。剧中大量展现了贵族庄园的内外细腻景致，将一部古装剧赋予了旅游风光推介的边际效应。

研究英国古装剧的历史沿革，我们不难发现，英国广播公司最初的立意在于通过对本国大量文学经典名著的广播剧、电视剧化的改编，来强化本国人民对本国优秀民族文化的传承，对英伦特有价值观的认同，是增强国民爱国主义教育和了解本国历史的一种文化方式。因此，它从一开始就严格恪守了强烈的民族独有的风格和印记。随着全球一体化进程和影视剧产业的迅猛发展，尤其在以好莱坞为代表的商业化浪潮冲击下，英国古装剧坚守了它不折不扣的英伦特色，反而成功逆袭全球影视剧市场，成为传播英国文化，塑造国家形象的外宣工具。不能不说，还是印证了"越是民族的就越是世界的"这个真理。

五、对我国古装电视剧创作的启示

1. 古装电视剧的创作应该充分挖掘正面导向的价值引领作用，展现中华民族文化的精深博大

电视连续剧作为一种日益普及的文化载体，因其易接受和观赏性强，成为传播力和影响力非常强大的艺术形式，因此，古装剧，无论是经典改编还是创作虚构，虽然讲的是历史的事，人物说的不是今天的语言，但其核心表达的价值理念应该是历经跨越时空的验证而永恒的，其所体现的文化应该是历经年代久远而被证明是先进的。只有被赋予了这种正面导向的思想内核，一部古装剧才能对现实观众产生积极意义，对于走出去的国家形象塑

造产生正面作用。英国古装剧的成功正是这一指导思想的实践典范。《傲慢与偏见》所弘扬的婚恋观，是基于女性独立自主的精神追求和爱情胜过物质的坚定抉择。即便历经时代变迁，对于过度强调物欲的当今爱情观也具有现实意义。《唐顿庄园》虽然展现了当时英国贵族和劳动阶层人物的一些黑暗面，例如同性恋的男仆、私奔后沦为妓女的女仆，上流社会的花化公子，但剧情的发展最终引导黑暗暴露给光明，无论是贵族还是劳动阶层的人性斑点都在合理的感人至深的氛围中被淡化了，最终留给观众的是两个阶层人物的高贵道德情怀。

近些年，我国一些古装剧也进入了海外市场，不仅数量可谓“凤毛麟角”，而且在内容主题的深度和广度、正面价值观引导的力度上与英剧相比，都还有一定的差距。尤其以人物钩心斗角、你死我活的残酷竞争为主要内容的宫斗剧，虽然某种程度上是封建社会皇权至上的真实反映，但这些黑暗面并不能代表中华民族文化的核心内涵。虽然通过精心的拍摄制作，也展现了中国古代文化的华美灿烂，但正面导向的缺失和题材的相对狭窄，使得这类古装剧难以承载向世界传播中华优秀民族文化的外宣重任。

2. 古装电视剧重点项目的创作应该纳入国家文化发展和对外宣传的战略体系，获得一定的资金和政策支持

从我国第一部电视剧《一口菜饼子》播出算起，近60年来，中国电视剧成果丰硕，市场体系已经逐步完善，以市场为主导的制播分离体系，催生了一大批优秀的民营摄制公司，吸引了大量资本进入电视剧制作行业。这样的背景下，古装电视剧摄制不再是国家电视台或省级电视台的专利，也不再仅局限于历史正剧，古装剧创作已经在荒诞、戏说等商业模式下被极大丰富了形式。但是，不能回避的是，真正能够代表中国优秀民族文化传承的古装剧还应该以严肃工整的创作态度，精良细腻的制作水准行于天下。博大精神的中国文学历史更是提供了丰富的创作源泉，从动人的民间传说、四大古典名著到洋溢着浓郁爱国情怀的现代文学经典，浩如烟海的作品被我们自己成功搬上银屏并行销海外的却寥若晨星。和英国相比，中国文学名著的改编创作和创作的古装剧还处在相距甚远的阶段。因此，从国家文化发展和对外宣传的战略高度，有计划有目的地组织、规划甚至扶植创作一批重点作品是非常有必要的。

英国古装剧之所以发展到今天，与英国广播公司的公共广播制度密不可分。根据英国宪法规定，英国广播公司不是以营利为目的的商业广播机构，教育和知识的普及传播是它的首要职责，正是在这一指导思想下，古装电视剧从名著改编的广播剧发展而来，随着广播电视技术的不断发展，不断在制作水平上精耕细作，目前，一部英国古装剧的平均摄制成本在100万英镑一集。1999年，英国广播公司出品的六集古装剧《富贵浮云》改编自同名畅销书，投资就达3亿人民币。这样的制作成本，在我国电视剧市场上，即便是资金实力雄厚的上市公司也要承担巨大的风险，为了商业回报的安全，依靠市场投资的古装剧必然会在收视率和发行收入上加大权重，教育民众和传播知识的目的让位于娱乐性也是难以避免的。超越商业回报目的的古装剧更多地是承载弘扬国家历史文化传承的重任，实现再现文学经典的功能，成为

民族文化传播与传承的精品工程，国家政策和资金的支持是非常必要的。

3. 中国古装剧的创作应该运用世界语言讲好中国故事

电视剧作为戏剧的一种电视化表现，既要遵循戏剧创作的规律，又要符合电视媒介的表现特征，而戏剧和电视语言可以说是已经经过时间验证，被无数经典作品诠释过的世界语言。无论是哪个国家发生的故事，无论是哪个朝代发生的故事，只要精湛地运用好戏剧语言和电视语言来表现，讲得好看，就能跨越观众母语和国别的障碍，实现全球化的文化传播。英国古装剧，是英国高度发达的戏剧文化和电视艺术的结合体，其戏剧结构丰满，人物形象鲜明，矛盾冲突激烈，在电视观众的欣赏心理日趋快节奏的今天，英国古装剧不拖沓，不臃肿，悬念迭起，丝丝入口。和我国动辄几十集的古装剧比较起来，英剧严格控制着集数，精当而不失深度厚度，一部长篇小说，例如《傲慢与偏见》改编成电视剧不过六集。《唐顿庄园》三季24集，表现了一个家族三代人十几年间的故事和变迁，采用季播的方式，使得它可以紧扣收视率，量入为出，最大限度发挥资金效益。

随着中国在世界政治和经济舞台上扮演着日益重要的角色，中国文化元素的世界认知度也在不断提高，古装功夫片已经成为一种电影类型，花木兰、孙悟空这些古代人物形象被好莱坞搬上了银幕，都足以说明中国故事是具备跨文化传播的全球认同基础，古装电影《霸王别姬》《赵氏孤儿》成功打入西方电影市场，都证明了中国故事的魅力。在电视剧这样一个面向家庭和更普遍意义观众群体的艺术形式上，研究受众而不盲从受众，吸引受众而不附和受众，立身于民族性，努力提高自身的制作水平和实力，是打造中国古装剧，跨国传播中国文化，输出中国梦价值观的必由路径。

参考文献

[1] Robert, G. Dickens and the Classic Serial[C]. Staff Research Seminar, Schools of Media Arts and Communication, Bournemouth University, 1999.

[2] 杨周瀚，吴达元，赵萝蕤. 欧洲文学史[M]. 北京：人民文学出版社，1985.

[3] 玛丽·坎本，吕律，吕晓明. 关于英国BBC公司的古装电视剧的介绍[J]. 电影新作，1997（3）: 33-37.

[4] 孙成昊.英剧的文化外交功效[N]. 中国文化报，2013-11-07.

[5] 张硕. 探讨国内外电视剧发展：英美剧为何好看？[N]. 北京晨报，2013-10-23.

[6] 金初高. 根据文学名著改编的电视剧在国外[J]，中国电视，1988（4）: 134-137.

[7] 胡雪. 解读英剧<唐顿庄园>的艺术特色及其对国产电视剧“走出去”的启示[J]. 中国 电视，2013（8）:88-92.

作者简介

耿雪梅（1971—），女，北京广播电视台媒体管理部副主任，硕士，E-mail: xuemeigeng@aliyun.com。

解析全球运输业发展状况*

张春颖

（北京物资学院外国语言与文化学院 北京 101149）

【摘要】本文对全球运输业发展状况进行了分析，阐述了海运、航空和铁路运输业的主要发展趋势，指出运输业虽然发展比较缓慢，但随着全球宏观经济状况的改善，运输业将开始逐渐复苏还是大有希望。此外，本文还分析了物流业应对挑战的一些措施。

【关键词】运输业；铁路；海洋；航空

自2011年以来，全球运输业增速比较缓慢，但随着全球宏观经济状况的逐步改善以及各国逐步实施的交通体制改革，全球运输业将开始逐渐复苏还是大有希望。

一、铁路运输业的发展趋势以及存在问题

铁路行业受经济危机的影响最小，其中最重要的因素来自其优质服务和安全可靠性。从铁路运输的成功经验可以得到以下启示，提高货运服务水平和安全可靠性应该是运输业不断追求的目标。铁路运输优质的服务和可靠性使一级运营商受益匪浅。铁路的多式联运备受人们推崇。

铁路运输正在为未来的发展壮大做准备。铁路运输的发展规划已是显而易见，这一点可以从美国7个总部位于北美的一级铁路货运站所做的2012年资本支出预算中看到。此预算的累计投资额达到130亿美元，已创历史新高。这些资金用于扩大、升级以及提高美国货运铁路网的服务能力，比如购买新设备、加强安全防护措施、增加铁道机车车辆、扩充货物的集散地以及提高资产利用率。创历史新高的资本支出对铁路运输的发展规划起到了积极作用。

尽管当前铁路货物运输安全可靠，承运商对其当前的服务水平大体上感到满意，但他们对未来铁路货物运输能力仍然心存疑虑。然而，即便铁路运输的优质服务始终保持不变，承运人和托运人之间就铁路运输费率问题所引起的由来已久的争议依然存在。由于铁路运输费率的不断上涨，铁路货运公司开始抱怨入不敷出。

* 基金项目：本文系2015年度北京市教委面上项目“欧洲先进物流理论翻译与研究”的阶段性成果。

二、海洋运输的发展状况

由于全球经济的不确定性以及航运市场供求不平衡，全球航运业的前景自从2010年以来不容乐观。世界经济复苏进程缓慢，主干航线需求增长有限。严峻的世界经贸形势可能导致集装箱运输需求继续呈低增长态势。此外，在能源安全、潜在的航海危机、供应链安全和环境可持续性，尤其是气候变化及其适应和减排措施等因素的驱使下，全球规范制度的制定和实施也给航运业带来了新的挑战。

2013年，三大主干航线海运量低迷，次干航线受世界经济影响不大，海运量增幅较大。自从全球金融危机以来，亚欧航线一直被货量不旺、运价低迷和运力过剩所困扰。严峻的贸易形势同样使得泛太平洋航线货量萎靡、运价低迷、亏损严重。虽然欧亚航线和泛太平洋航线营运不景气，但它们毕竟是全球最大的两条贸易航线，海运承运商在两大航线之间的竞争十分激烈。运力方面，全球集装箱运力规模继续不断扩张。尽管2014年以来集装箱船队规模仍在不断壮大并面临着较大的市场压力，但由于得益于全球贸易温和增长，班轮公司坚持不懈地开展“价格保卫战”并适度闲置运力，因此即便全球航运业不景气，集装箱航运市场的总体效益还是好于去年同期，较一季度有所改善。

然而，集运需求支撑较为脆弱。集装箱市场集中度高，班轮公司分化严重，主要航线班轮联盟垄断增强。集装箱单位运力周转次数继续保持历史低位。运力供给趋缓，供需增幅区域平衡。班轮公司运力调整更为频繁。这些将继续影响未来全球集装箱班轮运输市场的发展。

虽然大型跨国公司不希望听到供应链成本可能会很快上涨的消息，但这个消息确实也有吸引人的一面。2012年之后的岁月，海运承运商以及和其一起工作的领先物流供应商在运输能力和服务水平上可能都会持续上升和提高。

绝大多数海运承运商外认为，利用超支和降低费率来赢得市场份额并非明智之举。这样做只能给海运承运商带来巨大损失。例如，2011年，世界上最大的集装箱航运公司马士基航运（Maersk）、法国达飞海运集团（France’s CMA CGM SA）以及总部位于德国汉堡的赫伯罗特股份公司（Hapag-Lloyd AG）都公布了巨额亏损的数据。业内分析师认为其亏损的主要原因是其疯狂竞标世界上最大的两个集装箱运输贸易航线。

中国最大、世界第二大的综合性货运公司，中国远洋运输集团（COSCO）的运营情况也不乐观。根据中国会计准则和香港会计准则编制的中国远洋2013年度财务报告，中国远洋运输集团 2013 年度实现归属于母公司所有者的净利润为人民币235,469,909.18 元。2011年和2012年，受国际航运市场供需失衡等因素影响，公司经营业绩出现较大亏损，并造成累计未分配利润为负值。2013年公司虽然实现盈利，但未能扭转累计未分配利润为负值的情况。

由于燃料价格不断上涨，海运承运商为了节省日益增加的船用燃料成本，不得不征收燃油附加费作为额外费用。现在，很多海运承运商已结成海运联盟，以便以最少的人力、物力获得最大的利润并共同分担成本。海运承运商进一步缩短了租船合同的租期，因为当货运需求突然飙升时，短期租船合同不会给承运人带来麻烦。与此同时，资金紧张的承运人可能会把部分船队长期对外出租以获得足够的收益来维持运营。

三、航空运输的发展情况

2013年，国际航运市场供求失衡状况无实质性改善，集装箱、干散货航运市场持续低迷。今年，到目前为止很难在阴云笼罩下的航空货运行业找到一线希望。2011年，航空运输的营业额下降了2%，而运力过剩导致装载率大幅降低，致使美国运输总收入下滑了3%以上。同时，国际航空货运被4000亿美元的空运出口货物的记录支撑着。但是，这并不能挽回国际航空运输总收入下降的局面，2011年国际航空运输总收入下滑了将近百分之一。

同时，一些世界上最成功的航空货运公司抱怨称，是欧盟危机把他们拉下水。欧元在贬值，英镑也出现贬值，而燃油费却高居不下。高燃油费、全球经济增长缓慢以及汇率波动迫使许多承运人被迫缩小公司规模，而国际航空公司也因而迎来一场“完美风暴”。

2013年，国际经济复苏缓慢艰难。全球航空客运市场继续增长，但货运市场表现相对乏力。2014年3月12日，国际航空运输协会在日内瓦发布修正后的2014年行业预测报告称，2014年全球航空运输业收入有望增至7450亿美元，实现净利润187亿美元，净利润率为2.5%。根据国际航协对各地域今年表现的最新预测，得益于企业合并提高效率及辅助收入，北美航空业的预期利润最高，有望达86亿美元；其次是亚太地区航空业，在航空货运较为乐观的前景推动下，预期利润37亿美元；欧洲航空业预期利润31亿美元；中东地区航空业预期利润22亿美元；拉美地区航空业预期利润10亿美元；非洲航空业预期利润1亿美元。国际航协理事长汤彦麟分析称，整体来看，全球航空业前景乐观。经济情况好转推动航空运输需求走强。这一点能够抵消地缘政治不稳定所推升的高油价成本。国际航协在上述修正的行业预期中综合考量燃油价格、航空运输需求和全球经济趋势等因素，并指出航空运输业面临受乌克兰局势影响而走高的油价、部分国家经济增速下降以及政策监管等方面的挑战。

四、面临的挑战

与欧元区相比，美国消费者正受益于汽油价格平稳下降所带来的好处，零售分析师预计秋季汽油价格会回升并上涨。美国零售业联合会（NRF）的首席经济学家杰克·克莱恩兹（Jack Kleinhenz）将经济比喻为一台运行着的陈旧机器，运行中会发生各种突发情况，熄火重启，甚至熄火不动。

消费者信心正在回升。美国经济研究机构世界大型企业研究会2014年7月29日公布的报告显示，7月美国消费者信心指数连续第三个月上涨，并创2007年10月以来新高。世界大型企业研究会经济指标部门主任琳恩•弗朗哥分析称，就业市场强劲增长推高了消费者对当前经济状况的评估，消费者的未来预期上升则主要源于对经济和就业市场以及一定程度上对个人收入的短期预期更为乐观。该报告还显示，认为当前商业条件良好的受访者比例从上一个月的23.4%下降至22.7%，认为未来商业条件将改善的受访者比例从上一个月的18.4%提高至20.2%。

研究显示，物流管理者将整体供应链成本的降低视为来年的头等大事。国际数据公司（IDC）旗下的子公司——制造业分析公司(Manufacturing Insights)所做的调查显示，绝大多数的调查对象依然对物流费用表示强烈不满。现在每一位制造商所面临的供应链管理方面的主要挑战是，如何让供应网络和需求网络平行发展，前者复杂且延伸广泛，后者则日益快速多变。同时，托运人正在想方设法改善库存方面存在的问题，作为调节供需平衡的缓冲剂。

虽然制造商面临着日益复杂的客户需求多样化和供应全球化问题，但是供应链管理机构正在做出适当调整以便应对需求的变化，比如复杂且延伸广泛的全球供应网络及日益增多的规章制度，尤其是在可跟踪观察的领域。国际数据公司研究发现，为了应对这些挑战，制造商们不断加大在低成本国家的采购数量。分析师劝告托运人重新采用盈利性的近距离采购方式，采用现代信息技术手段确保制定的采购决策能够建立竞争优势。

参考文献

[1] 李嘉美.美国和日本大交通体制的借鉴[J].行政管理改革，2012(10)：63-66.

[2] 张瑗，魏际刚.全球物流业形势与中国物流业发展[J].中国流通经济，2009(10)：30-33

[3] http://market.chinabaogao.com/jiaotong/11211E5D2013.html.(2013-12)

[4] http://www.chinairn.com/news/20140313/141521557.html.(2014-3)

[5] http://futures.hexun.com/2014-04-03/163629024.html.(2014-4)

作者简介

张春颖（1979—），女，北京物资学院外国语言与文化学院副教授，硕士，研究方向：法国政治与文化。Email：zhangchunying@bwu.edu.cn

Identity and Anxiety: An Analysis of the Characters' Anxieties Revolving Identity in *The Woman in White*

王 冰

（东北师范大学外国语学院，长春，130024）

【Abstract】 As a literary genre of fiction which enjoyed its great popularity in Britain in the 1860s and 1870s when the country had just gone through a series of social changes and a variety of anxieties prevailing the whole society，the sensation novel presents to readers a wide range of anxieties and gives responds to some of them. *The Woman in White* by Wilkie Collins (1859)，which is generally regarded by critics as a typical representative of the sensation novel，displays diversified anxieties through the depiction of various impressive characters，and especially through their processes of establishing，losing，regaining，strengthening，hiding and faking their identities. This essay will analyze the representative work，exploring and examining the characters' anxieties revolving their identities in relation to the social backgrounds of that era.

【Key Words】 Identity; Anxiety; *The Woman in White*; Sensation novel

As one of the most important narrators，the development of Walter Hartright's identity embodies the process of the replacement of middle-class capitalists replacing the aristocrats as the ruling power of society. In Part One of the story，young Walter is tormented by his love to Laura and his sense of inferiority when faced with Laura，Laura's family and her fiance. As a professional guardian for wealthy aristocratic females，Walter used to control his feelings and emotions and avoid falling in love with his students:

I should have remembered my position，and have put myself secretly on my guard. I did so....I had accepted the position as part of my calling in life; I had trained myself to leave all the sympathies natural to my age in my employer's outer hall....my situation in life was considered a guarantee against any of my female pupils feeling more than the most ordinary interest in me. (Collins，1865; 28)

Here young Walter' s self–control or self–restraint seems to be part of his professional morality as a guardian. However，his love to Laura，the particularly attractive student，finally defeats his self–control，which is then realized by Laura' s half–sister Marian. Marian feels responsible to remind him of the reality:

You are guilty of weakness and want of attention to your own best interests，but of nothing worse....I blame the misfortune of your years and your position....the hard and cruel question as I think it - of social inequalities....matters of rank and station. (Collins，1865; 30)

In this private conversation，Marian points out two problems that makes it impossible for Laura and him to become a couple even without Laura' s fiance，the first of which is his "weakness" while the second is the disparity between the two social classes. Here the weakness pointed out by Marian can be seen both as a characteristic of the young man who is still not mature enough to establish his own identity and as a metaphoric feature of the middle–class capitalists who were still not powerful enough to assert their own value and their identity as a crucial social class. As a result，young Walter departs with Laura despite of his suspicions of her fiance and his worries about her life in future.

Walter comes back in the last section of Part Two of the novel:

Early in the summer of 1850 I and my surviving companions left the wilds and forests of Central America for home....Death by disease，death by the Indians，death by drowning--all three had approached me; all three had passed me by. (Collins，1865; 169)

The novel was written at a time when Britain had been accelerating its colonial expansion overseas (Chen Wei，2001). Here "the wilds and forests of Central America" and "death by the Indians" apparently indicate that Walter has been involved in such undertakings，and just through joining in such a cause and experiencing all the difficulties it inherently involves has he overcome his "weakness" in the past and become a confident，courageous and responsible man:

From that self-imposed exile I came back，as I had hoped，prayed，believed I should come back--a changed man. In the waters of a new life I had tempered my nature afresh. In the stern school of extremity and danger my will had learnt to be strong，my heart to be resolute，my mind to rely on itself. (Collins，1865; 169)

It is not unreasonable to say that the narrative of the changes of Walter can be seen as metaphorically indicating that the middle–class capitalists as a social class had strengthened themselves through their enterprise overseas and had come back for the domination of social power. In the following parts of the story, Walter plays the roles of an intelligent detective, a meticulous carer, a clever and brave protector as well as a responsible husband. With his resolution and intelligence, he finally defeats Sir Percival Glyde and Count Fosco, who are metaphorically the representatives of aristocrats at that time, and successfully restores Laura's identity. Therefore, the character of Walter Hartright embodies the middle–class capitalists as a whole, and his process of establishing and developing his own identity marks the process of the rise of middle–class capitalists as a social class. Though some critics regard Walter as an exceptional model of middle–class identity (Kucich, John, 1994), it is not unreasonable to see the character as typical representative of the middle–class capitalists when the historical background is taken into consideration. Walter's anxieties in the first part of the story symbolize their class anxieties derived from sense of inferiority and powerlessness when facing dominating aristocrats; his experience in Central America alludes to their colonial expansion in America, from which they strengthen themselves; his coming back and final success embody the final success of the middle–class capitalists as a new–rising social class over the aristocrats as another class who used to be dominators of society. Sense of inferiority about his identity as an individual and the identity of the class to which he belongs is the major source of Walter's anxiety, and the development and establishment of both of his individual identity and his class identity finally wipe out such anxiety.

The depiction of the character of Laura, one of the major female characters in the novel, presents anxieties about gender identity as a woman in that era. Laura is generally regarded as an ideal female figure at that time (Xu Qi, Huang Xiaohong, 2004), pretty, weak, obedient, sensitive, considerate, tender, quiet and lovely. However, Sir Percival Glyde and Count Fosco take advantage of such satisfactory features and push her into desperate situations. In Part One of the story, Laura's anxiety mainly comes from the contradiction between her own will and what she is expected to do as an aristocratic lady, a daughter and a fiancee. Sir Percival Glyde is the fiance decided by Laura's father, and though Laura never meets him, she obeys her father and accepts such arrangement. When she realizes that she has fallen in love with Walter just as Walter loves her, she feels guilty and tormented:

When the doubt that I had hushed asleep first laid its weary weight on her heart, the true face owned all, and said, in its own frank, simple language--I am sorry for him; I am sorry for myself. (Collins, 1865; 28–29)

Here the torture Laura endures after she realizes her love to Walter seems to indicate her attitude that in spite of the love between Walter and her, she will never disobey her father's will, and that she already knows that their love is doomed to failure. However, she is not able to do anything to change the situation, and all she can painfully expect is that Walter leaves her life, which indicates her passiveness:

Not in love, at that last moment, but in the agony and the self- abandonment of despair.

"For God's sake, leave me!" she said faintly.

The confession of her heart's secret burst from her in those pleading words. (Collins, 1865; 53)

What exposes her passiveness more completely is her decision to confess to her fiance that she loves another man and her decision that it is then to be decided by her fiance whether to marry her or not. When Sir Percival Glyde asks Marian to tell Laura that he will give up the engagement as long as Laura asks him to do so, he actually takes advantage of Laura's love to her father and her value of credit and promise. His seemingly considerate suggestion is actually a way to urge her to accept their marriage. However, Laura assumes and expects that Sir Percival Glyde will naturally cancel his engagement with her when he knows that Laura does not love and will never love him, and she prepares to remain single all her life after that. To her surprise, her fiance still decides to marry her, which makes her totally passive and depressed. Laura's anxiety here is mainly a result of the contradiction between her own will and what she is expected to do by her father as well as by social conventions, between her identity as an individual and her identity as an ideal upper–class female figure of that time.

After their marriage, Sir Percival Glyde begin to expose his nature, his neglect of the will of his wife and his bad temper. When Laura refuses to sign the document which he tells her to sign but which she has not read, he loses all of his self–control and polite disguise, and what Laura honestly told him before marriage becomes what he can use to insult her. Here Laura's anxiety about her marriage is again caused by the conflict between her identity as an individual and her identity as a wife in her husband's expectancy.

However, unlike Walter Hartright's finally establishing and developing his own identity, Laura's case seems much more complicated. Laura is announced to be dead and sent to the Asylum where Anne Catherick used to stay. Such a disaster destroys Laura's mind, and her memory becomes obscure and full of confusions. When Hartright finally unites with Laura and Marian, Laura has already lost much of her memory about the past. Hartright and Marian try to encourage her to recall the happy memories before her unfortunate marriage:

Tenderly and gradually, the memory of the old walks and drives dawned upon her, and the poor weary pining eyes looked at Marian and at me with a new interest, with a faltering thoughtfulness in them, which from that moment we cherished and kept alive....with some faint reflection of the innocent pleasure in my encouragement, the growing enjoyment in her own progress, which belonged to the lost life and the lost happiness of past days. (Collins, 1865; 181)

Here the way in which Hartright and Marian try to revive Laura's memory inevitably makes careful readers to suspect if they really have restored Laura's memory or they actually have re-created her memory. As Rachel Ablow comments in her *Good Vibrations: The Sensationalization of Masculinity in "The Woman in White"*:

It is impossible to say whether Walter and Marian revive memories that have been concealed to their possessor or whether they provide her with the information she needs to play her part....whether they are helping Laura recover or are helping her....become what they need her to be. (Ablow, Rachel, 2003–2004; 158–180)

Therefore, it is hard to say whether Laura's identity is restored by Walter and her half-sister or re-established by them. Laura's anxiety in this period can thus be understood as not only because of the challenge of proving herself to be sane Laura instead of insane Anne Catherick, but also because of the ambiguity of her identity as the past Laura who has revived and restored her memory or the new Laura who experiences the happy experience again as arranged by Hartright and Marian.

Apart from Hartright and Laura, the major antagonists in this novel also present anxieties in relation to identity. Sir Percival Glyde is illegitimate to inherit the property or title of his parents. In order to get a legitimate identity, he forges the entry of his parents' marriage in the marriage register at Old Welmingham Church, which is a secret known only by Anne Catherick's mother. Sir Percival Glyde lives all his life in the fear of someone discovering his secret, and the faked identity explains all his anxieties about Anne Catherick's escaping from the Asylum and Walter's investigating into his secret. Count Fosco, as another crucial antagonist, used to belong to a secret political society in Italy. After betraying the society, he lives in England and tries very hard to conceal his identity in many ways such as eating a lot of sweet food in order to transform his stature. Meanwhile, he remains extremely careful and sensitive to danger. However, Walter finally discovers his identity by chance and he is murdered by agents of the society he has betrayed.

In conclusion, *The Woman in White* presents through its characters a variety of anxieties revolving identity, which is closely related to the historical background of the novel. Walter Hartright is a typical representative of the middle-class capitalists and his establishing and developing his own identity embodies the rise of the social class as a whole. Laura is an ideal female figure in that era and the contradiction between her individual identity and the expected female identity marks the gender anxiety of women similar to her in background and situation. The two antagonists' anxieties are all related to their intention to fake a new identity or hide their real identities. Investigating the novel from the perspective of anxiety and identity will contribute to readers' detailed comprehension of the story and the characters in relation to the social and historical background of the novel.

References

[1] Ablow, Rachel. Good Vibrations: The Sensationalization of Masculinity in 'The Woman in White' [J]. *Novel: A Forum On Fiction* 2003–2004. 1/2: 158–180.

[2] Collins, Wilkie. *The Woman in White* [M]. New York: Harper & Brothers, 1865.

[3] Kucich, John. *The Power of Lies: Transgression in Victorian Fiction* [M]. Ithaca: Cornell University Press, 1994.

[4] 程巍. 伦敦蝴蝶与帝国鹰：从达西到罗切斯特[J]. 外国文学评论，2001（1）：14–23.

[5] 许绮，黄晓虹.《白衣女人》中的几个女性形象[J]. 韩山师范学院学报，2004（1）:104–108.

[6] 王文静.解析《白衣女人》中叙述者的人物性格与叙事功能[J]. 内蒙古民族大学学报，2008(6): 40–41.

[作者简介]

王冰（1989—），女，东北师范大学外国语学院硕士研究生，研究方向：英美文学，E–mail: wangb661@nenu.edu.cn。

卡塔希斯与“兴观群怨”
——中西方文学价值观比较研究

王　冰

（东北师范大学外国语学院，长春，130024）

【摘要】亚里士多德《诗学》中提出的“卡塔希斯”和孔子《论语》中论及的“兴观群怨”是中西方文论中定义文学的价值与功用的核心概念。本文从中西比较的角度对这两个概念进行研究，在分别探讨“卡塔希斯”和“兴观群怨”的内涵的基础上分析其异同。本文将“卡塔西斯”解读为一个包含了澄清、净化、宣泄以及平衡等多层含义的概念，同时将“兴观群怨”解读为包含了感发、观政治得失、群居相切磋以及宣泄怨愤等多层含义的对文学价值的综合阐释。“卡塔希斯”和“兴观群怨”的相似之处包括二者对中和与平衡的主张，对文学作品激发读者和观众情感的效果的重视，对文学的政治社会功用和美学价值的肯定以及对文学作品中美与善的统一的主张。二者的相异之处主要表现在二者对理性与情感关系的不同见解，对文学作品中情感表达方式的不同主张，以及对个人心理平衡与社会伦理平衡的不同侧重。对“卡塔希斯”与“兴观群怨”的比较研究，对于中西比较文学中元理论问题的理解以及中西方跨文化研究具有重要意义。

【关键词】“卡塔希斯”；“兴观群怨”；比较研究

卡塔西斯和“兴观群怨”是西方和中国文学批评中界定文学的价值和功用的重要理论。从古至今，这两个概念得到历代文学家和批评家的不断阐释和解读。对于文学的价值和功用这一问题的观点分歧导致了不同的文学作品类型以及文学批评流派。同时，卡塔西斯和“兴观群怨”由于本质上都是对文学原理论问题的回答而具有相当的可比性，因此对中西方比较文学及比较文化研究具有重要意义。本文将从中西方比较研究角度探讨这两个概念的解读及其启示。

一、对卡塔西斯的解读

卡塔西斯作为重要的文学理论，首先在亚里士多德的经典著作《诗学》中被提出：

....the imitation of an action that is serious and also，as having magnitude，complete in itself; in language with pleasurable accessories，each kind brought in separately in the parts of the work; in a dramatic，not in a narrative form; with incidents arousing pity and fear，wherewith to accomplish its catharsis of such emotions（Aristotle，2006）.

对卡塔西斯这一概念的解读可以被分为三大类，即在亚里士多德悲剧理论框架中的解读，文艺复兴时期的解读以及现代的解读。除了上文提到的《诗学》中对悲剧的定义，亚里士多德的悲剧理论还包括悲剧的要素以及悲剧的效果等重要方面。

在亚里士多德的理论中，悲剧由六个要素构成，即情节、性格、言语、思想、形象和韵律。在这六要素中，情节最为重要。情节包括逆转、发现和受难三个重要部分，其中逆转指境遇从一个极端向另一个极端的突然转变，发现指悲剧英雄从不知情到知情由此从爱到恨的转变，受难指悲剧英雄所遭受的苦难。悲剧英雄享有财富和地位，却因"判断的失误"而遭遇不幸。由于意识到悲剧英雄遭受了不应受到的痛苦，同时意识到悲剧英雄和观众自己在犯错误方面相似的倾向性，观众的怜悯和恐惧之情被激发。悲剧的效果则由对怜悯与恐惧这两种情感的卡塔西斯实现。这一类阐释者强调，《诗学》是对柏拉图对诗的负面评价的回应，同时，亚里士多德的卡塔西斯理论是建立在其政治理论之上，因此其目的也是维护城邦安定和社会和谐。

文艺复兴时期是英国戏剧发展的重要时期，卡塔西斯理论也在这一时期得到了重要的发展。文艺复兴时期的解读也可以分为三大类：道德解读、宗教解读和文学解读（Hardison，1969）。当观众被悲剧所打动而自动坦白自己以前犯下的不为人知的罪行时，是道德上的卡塔西斯；当正义在悲剧的结尾被重建，不同角色得到了与其行为相配的奖赏或惩罚，即为宗教上的卡塔西斯；当观众从悲剧中得到了对情节的深入理解，从而获得了对世界秩序的深入理解，即为文学上的卡塔西斯。这三种类型相互补充，都涉及对混乱和激动心境的平复，以及真理的表达。

现代解读主要也分为三类：澄清、净化和宣泄（朱光潜，1983）。澄清说强调卡塔西斯是一个认知过程，当观众理解了悲剧中事件的关系以及悲剧事件和更广义的人类处境间的关系，澄清就完成了。澄清说的一个重要弱点是无视了怜悯与恐惧这两种卡塔西斯过程中涉及的核心情感。净化说的持有者根据净化对象不同又可以分为几类：有些学者认为被净化的是悲剧情节中使悲剧英雄的错误值得原谅的元素，另外一些学者认为悲剧净化的是怜悯和恐惧中的自私成分（潘智彪，黄凯颖，2006）。而宣泄说认为，怜悯和恐惧是有害的情感，悲剧卡塔西斯即激发情感以最终释放这些情感的过程，情感上的平衡和精神上的健康因此得以实现。

由于几种解读本质上并不矛盾，现代研究者倾向于把卡塔西斯理解为综合了澄清、净化、宣泄及重建情感平衡等解读的理论。即在观看悲剧过程中，情节中的事件得到澄清，观众得到了启迪，观众的怜悯与恐惧被激发，最后实现了平衡。

二、对"兴观群怨"的解读

"兴观群怨"作为中国文学史上对文学价值与功用的高度概括，最早由孔子在《论语》中提出：

He said, "My little ones, why don't you study the Book of Songs? By the Songs you can stir, you can consider，you can express fellowship，you can show resentment"（Owen，1992）.

根据《论语》的不同注释，“兴”一般指诗歌通过比兴的方式激发读者情感，“观”则指诗歌描绘生活场景以反映政治得失的作用，“群”指通过阅读和吟诵诗歌，志同道合的人得以聚集和讨论，“怨”是指诗作者可以通过作诗发泄心中抑郁之气。此外，孔子提出的这一理论与其政治主张高度一致，因此此处的“怨”应理解为怨而不怒，而阅读《诗经》的目的即为封建社会统治培养合格的人才。

以“兴观群怨”为基础，儒家学者将读诗发展为一种教学手段，强调诗作为一种以比兴方式间接且温和地指出政治得失的手段。然而，相当一部分诗人和评论家并不满足于儒家理学的理论和解读，而是对“兴观群怨”提出了各自不同的解读，并在此基础上提出了新的文学价值观。如南北朝诗人将“兴”视作文学灵感，而司马迁和韩愈发展了“怨”的理论，认为诗歌可以表达没有节制的愤怒等个人情感。

清朝学者王夫之在他的著作*Discussions to While Away the Days at Evening Hall*中总结并发展了这一理论：

"By the Songs you can stir，you can consider，you can express fellowship，you can show resentment." That says everything there is to say....In saying "can by" Confucius means that "by" whichever of the Songs all four functions "can" be realized. By what "stirred" the writer of the Song you can "consider"，and the stirring becomes deeper. By what was "considered"，you yourself can be "stirred"，and the consideration becomes more reflective. By the Song's "expression of fellowship"，you may feel "resentment"，and the resentment is intensified and not to be forgotten. By the Song's "show of resentment"，you can "express fellowship" and the expression of fellowship is all the more warm and cordial. One goes beyond any single one of the four affections，and thus gives rise to the four affections. One wanders within the four affections，and the affections are obstructed by nothing.（Owen，1992）

王夫之首先指出，此四种功能虽为过去的学者各自独立地研究，却实则相互关联。此处的论述是对“兴观群怨”说最好的总结和诠释。

三、卡塔西斯和“兴观群怨”比较研究

尽管社会、文化、历史背景不同，卡塔西斯和“兴观群怨”理论仍有相当的可比性。两者之间存在很多相似之处。第一，孔子和亚里士多德都强调情感的控制和平衡，对强烈情感的控制是这两种理论的主要关注点。这一相似之处在两位先贤对理想社会和理想社会人的探讨中也有所体现，孔子尊敬能够控制自己情感和行为、从不打破自己内心及外部社会平衡的人，亚里士多德推崇理性和自我控制，谴责那些不能把自己的情感及行为控制在理性范围内的人。第二，卡塔西斯和“兴观群怨”都强调对观众或读者情感的激发。第三，卡塔西斯和

“兴观群怨”都有为政治服务的目的，前者为了在战乱和经济衰退的时代维护城邦稳定，后者为了培养有高度自制力、能够为封建统治服务的君子。此外，卡塔西斯和“兴观群怨”也都包含对文学的美学价值的探讨。“兴”包含了文学表现和文学解读的方式，“观”涉及对文学表现对象的选择，“群”涉及文学创作和评论，“怨”同样也不可避免地涉及关于表现和解读的种种话题。王夫之的解读甚至涉及重要的现代议题如文本、作者和读者的关系。与此相似，卡塔西斯本身作为亚里士多德悲剧理论的一部分，与情节、性格等话题密切相关。最后，这两个概念不约而同地把道德上的善与文学的美统一起来。

卡塔西斯和“兴观群怨”也有明显的差异之处。第一，两者对理智与情感关系有不同的暗示。亚里士多德的理论建立在其模仿说的基础上，对情感的处理只是回归理性和平衡的手段，在理智与情感的系统中，理智占有绝对的主导地位。相反，在孔子的理论中，理智与情感上平等且相互关联的元素，形成一个实现诗歌四种功能的统一体。“兴”激发读者情感，同时通过比兴方式实现对情感的激发是理性的认知过程；“观”是对社会的理智观察和评判，但这一理性的过程仍然伴有积极或消极的情感态度；“群”的基础是对自己作为一个理智与情感高度统一的社会人的角色有充分认知；“怨”在表达不满的同时强调理性的节制。第二，尽管二者都强调人格平衡和情感克制，卡塔西斯和“兴观群怨”对情感应被激发到何种程度持不同态度。卡塔西斯强调充分激发情感，将有害的情感充分释放；相反，“兴观群怨”强调在情感释放过程中的节制。第三，卡塔西斯更多强调个人的平衡，而“兴观群怨”更强调社会的平衡。卡塔西斯理论涉及很多心理学讨论，甚至被作为一种心理疗法；而“兴观群怨”论强调政治伦理和道德准则，更强调文学服务社会统治的作用。

四、结　语

卡塔西斯和“兴观群怨”作为中西方文学史上对文学价值与功用的高度概括，有诸多相似之处，也有各自的特色。对这两个概念的深入探讨有助于我们对中西方比较文学研究的深入理解，也将对跨文化研究有重要启示。

参考文献

[1] Aristotle. *Poetics. In H. Adams & L. Searle (ed.) Critical Theory Since Plato (3rd ed.)*[M]. Beijing: Peking University Press. 2006.

[2] Hardison，O. B. Three Types of Renaissance Catharsis [J]. *Renaissance Drama*，1969 (2): 3-22.

[3] Kruse，N. W. The Process of Aristotelian Catharsis: A Reidentification [J]. Theatre Journal，1979 (2) : 162-171.

[4] Owen，S. *Readings in Chinese Literary Thought* [M]. Harvard: Harvard University Press. 1992.

[5] 陈伯海. 释“诗可以兴”——论诗兴生命的感发功能[J]. 华中师范大学学报（人文社会科学版），2006

（3）:89-96.
[6] 郭绍虞. 中国历代文论选[M]. 上海：上海古籍出版社. 2001.
[7] 李志雄，季水河. 卡塔西斯：一种亚里士多德式的叙事伦理批评原则[J]. 外国文学研究2007（3）: 110-111.
[8] 潘智彪，黄凯颖. 论"卡塔西斯"的三种解说[J]. 暨南学报，2006（2）: 96-101.
[9] 王思焜."陶冶性情，别有风旨"——王夫之诗歌美感作用论浅析[J]. 华东师范大学学报（哲学社会科学版），2003（2）: 75－88.
[10] 朱光潜. 悲剧心理学[M]. 北京：人民文学出版社. 1983.

作者简介

王冰（1989—），女，东北师范大学外国语学院硕士研究生，研究方向：英美文学，E-mail: wangb661@nenu.edu.cn。